Michael Gervais mit Kevin Lake

DIE WICHTIGSTE REGEL FÜR EIN SELBSTBESTIMMTES LEBEN

Wie man sich davon frei macht, was andere von einem denken

REDLINE | VERLAG

MICHAEL GERVAIS
MIT KEVIN LAKE

DIE WICHTIGSTE REGEL FÜR EIN SELBSTBESTIMMTES LEBEN

WIE MAN SICH DAVON FREI MACHT, WAS ANDERE VON EINEM DENKEN

Bibliografische Information der Deutschen Nationalbibliothek:
Die Deutsche Nationalbibliothek verzeichnet diese Publikation in der Deutschen Nationalbibliografie; detaillierte bibliografische Daten sind im Internet über http://d-nb.de abrufbar.

Für Fragen und Anregungen:
info@m-vg.de

Wichtiger Hinweis
Ausschließlich zum Zweck der besseren Lesbarkeit wurde auf eine genderspezifische Schreibweise sowie eine Mehrfachbezeichnung verzichtet. Alle personenbezogenen Bezeichnungen sind somit geschlechtsneutral zu verstehen.

1. Auflage 2024

Türkenstraße 89
D-80799 München
Tel.: 089 651285-0

Die 1. Originalausgabe erschien 2023 bei Harvard Business Review Press unter dem Titel *The First Rule of Mastery*.

Übersetzung: Philipp Seedorf
Redaktion: Anne Horsten
Umschlaggestaltung: Marc-Torben Fischer
Satz: ZeroSoft, Timisoara
Druck: GGP Media GmbH, Pößneck
Printed in Germany

ISBN Print 978-3-86881-976-2
ISBN E-Book (PDF) 978-3-96267-611-7
ISBN E-Book (EPUB, Mobi) 978-3-96267-612-4

Inhalt

TEIL 3

Neudefinieren

Einleitung

Alles, was uns an anderen stört, kann uns dazu bringen, uns selbst besser zu verstehen.

– CARL JUNG

Wenn wir der Meinung anderer Menschen mehr Wert beimessen als der eigenen, leben wir nach deren Bedingungen und nicht nach unseren. Softball-Star Lauren Regula hatte mit diesem Dilemma zu kämpfen, als sie sich auf die Olympischen Spiele 2020 vorbereitete. Sie hatte sich elf Jahre zuvor von dem Sport zurückgezogen und dann doch noch die Gelegenheit ihres Lebens erhalten – wieder auf der größten Bühne, die es für diesen Sport gab, im Team Kanada zu spielen. Es war ihre Chance, eine olympische Medaille zu gewinnen, nachdem sie 2008 diesem Ziel so verführerisch nahegekommen war, mit dem vierten Platz nach einer herzzerreißenden Niederlage im Spiel um Bronze in Peking. Der kanadische Trainer rief Regula an, damals eine 39-jährige Mutter mit drei Kindern und einer Firma, die sie mit ihrem Ehemann führte, denn er wollte sie aus dem Ruhestand locken, um ein letztes Mal um eine olympische Medaille zu spielen.

In der Filmversion dieser Geschichte hätte Lauren vermutlich vor Freude laut aufgeschrien. Ihre Reaktion wäre der emotionale Höhepunkt gewesen – genau der richtige Moment, um die Szene mit sentimentaler Geigenmusik zu unterlegen.

Aber tatsächlich zögerte sie.

Sie horchte in sich hinein und hätte gerne zugesagt, aber es gab Herausforderungen zu überwinden, und sie zweifelte. Sie war schon zweimal bei Olympischen Spielen angetreten und wusste, dass sie nicht einfach nur ein paar Wochen trainieren und dann nach Hause gehen würde.[1] Ihren Traum zu verfolgen, hätte bedeutet, eine lange Zeit von ihren Kindern getrennt zu sein, die nun elf, zehn und acht Jahre alt waren. Das Problem verschärfte sich dadurch, dass die Sportler die Quarantäne-»Bubble« in den sechs Monaten vor den Spielen nur einmal verlassen durften.

»Als Mutter war es keine leichte Entscheidung für mich, Ja zu sagen und zu versuchen, es zu den Olympischen Spielen zu schaffen«, sagte sie mir. »Und erst recht nicht als eine Mutter, die in den letzten zwölf Jahren nur ein paar Monate auf einem Spielfeld verbracht hatte, um sich in ihrem Sport zu verbessern. Zudem als eine Mutter, die mit ihrem Ehemann ein Geschäft besitzt und betreibt.«

Aber letztlich war es nicht das Alter, die lange Auszeit oder die Jahre, in denen sie gegen eine postnatale Depression angekämpft hatte, die ihre Teilnahme an den Spielen in Tokio gefährdeten, sondern die nagende Sorge, was andere über sie denken könnten.

In Laurens eigenen Worten:

> Als ich anderen von meinem Training, vom Reisen und von meiner Hingabe an diesen Traum erzählte, erhielt ich unter anderem diese Kommentare:
>
> Ach du meine Güte, so etwas könnte ich nie tun … ich könnte nie meine Familie so lange verlassen.
> (*Urteil: »Du bist doch Mutter.«*)

Glaubst du immer noch, du könntest das schaffen? Ich meine, hast du keine Angst, dass du niemals mehr so gut sein wirst, wie du mal warst?
(*Urteil: »Was glaubst du eigentlich, wer du bist?«*)

Bist du damit nicht irgendwie die älteste Spielerin aller Zeiten?
(*Urteil: Alter.*)

Hat Dave denn nichts dagegen, wenn du mitspielst und gehst?
(*Urteil: Als Ehefrau meine Familie zu verlassen.*)

Diese negativen Gespräche stressten mich. Ich machte mir Sorgen, was andere über mich und meine Entscheidung dachten. Ich machte mir Sorgen, dass andere Menschen glauben könnten, ich sei eine schlechte Mutter und eine schlechte Ehefrau; dass ich eigentlich zu alt war; dass ich es niemals schaffen würde. Und das machte mich wirklich nachdenklich. Meine Welt drehte sich darum, was andere von meiner Entscheidung hielten.

Ich hatte mehr positive Meinungen als negative gehört, aber die negativen übten eine stärkere Anziehungskraft auf mich aus. Sie schienen damals mehr Gewicht zu haben. Dass man sich mehr auf die negativen Sätze konzentriert, erinnert mich von heutiger Warte aus betrachtet an eines meiner Lieblingszitate: »Aus einem Baum kann man tausend Streichhölzer machen. Und ein Streichholz kann tausend Bäume niederbrennen.«

In Lauren kämpfte ihre eigene Meinung von sich selbst gegen die anderer über sie. Ihr Dilemma war eine Herausforderung, der wir alle in verschiedenen Formen begegnen. Folgen wir unseren inneren Antrieben oder richten wir uns nach den Normen und Erwartungen der Gesellschaft?

Um es anders auszudrücken, litt Lauren an FOPO – der Angst vor den Meinungen anderer – und sie hätte dadurch fast ihre letzte Chance auf ihren Traum vermasselt.

Eine unsichtbare Grenze

Unsere Angst vor den Meinungen anderer (FOPO) ist eine verborgene Epidemie und vielleicht das größte Hindernis beim Entfalten des menschlichen Potenzials.[2] Unsere Sorge darüber, was andere Menschen über uns denken, ist zu einer irrationalen, unproduktiven und ungesunden Besessenheit in der modernen Welt geworden. Und die negativen Auswirkungen erstrecken sich auf alle Aspekte unseres Lebens.

Wenn uns FOPO in den Klauen hält, verlieren wir den Glauben an uns selbst, und unsere Leistungen leiden darunter. Das liegt in der menschlichen Natur.

Aber wenn wir nicht aufpassen, kann FOPO das Narrativ in unserem eigenen Kopf bestimmen und uns langsam vergiften. Statt uns auf unsere eigenen Gedanken und Gefühle zu konzentrieren, sind wir besessen von den Gedanken und Meinungen anderer, ob ausgesprochen oder nur eingebildet, und diese Besessenheit kann unsere Entscheidungen und Handlungen beeinflussen.

Und unsere Leben.

Denken Sie an Lauren. Wenn sie zugelassen hätte, dass ihre negativen Gedanken – ihre Angst vor den Meinungen anderer – die

Kontrolle übernommen hätten, hätte sie eine der letzten Chancen verpasst, das zu tun, wofür sie ihr gesamtes Leben trainiert hatte.

FOPO ist ein Teil der Conditio humana, weil unser Gehirn noch so denkt wie in der Steinzeit. Der Hunger nach sozialer Anerkennung machte unsere Vorfahren vor Tausenden von Jahren vorsichtig und gerissen. Wenn die Verantwortung für die gescheiterte Jagd auf ihren Schultern lag, war ihr Platz im Stamm gefährdet.

Aber angesichts der heutigen Verbreitung der sozialen Medien läuft FOPO Amok und führt besonders in jungen Jahren zu einem unglaublichen Druck, erfolgreich zu sein. So verlassen wir uns zu sehr auf externe Belohnungen, Maßzahlen und Bewertungen.

Wie FOPO sich auswirkt, sehen Sie, wenn Verantwortliche sich nicht zu Wort melden und schwere Entscheidungen meiden – oder wenn CEOs die kurzfristigen Shareholdergewinne über das langfristige Wohl ihrer Unternehmen stellen. Und wenn Politiker auf einer Linie wie ihre Partei agieren und nicht ihrem Gewissen folgen.

Je schneller Sie Ihre Beziehung zur Meinung anderer fundamental verändern, desto schneller werden Sie frei sein. Sie können die Freiheit erwerben, mit sich im Reinen zu sein, wo immer Sie sich auf Ihrer Lebensreise gerade befinden.

FOPO spielt fast überall in unserem Leben eine Rolle – und die Konsequenzen sind enorm. Wir spielen auf Nummer sicher und halten die Einsätze klein, denn wir fürchten uns davor, was passieren könnte, wenn wir kritisiert werden. Wenn wir herausgefordert werden, mutieren wir zum Stachelschwein und schützen unser Ego mit unserer persönlichen Version spitzer Stacheln oder geben unseren Standpunkt sofort auf. Wir tauschen Authentizität gegen Zustimmung. Wir heben nicht die Hand, wenn wir das Ergebnis nicht kontrollieren können. Wir versuchen, alle Personen in einem Raum einzuschätzen, und zwar nicht aus reiner Nächstenliebe, sondern weil wir dazugehören wollen. Wir lachen, wenn etwas nicht lustig ist. Wir beißen uns auf die Zunge, wenn jemand etwas Beleidigendes sagt. Wir formulieren eine Antwort, während wir zuhören. Wir streben nach Macht und nicht nach Sinn. Wir gefallen lieber, statt zu provozieren. Wir jagen den Träumen anderer nach und nicht unseren eigenen.

Wir externalisieren unsere Selbstachtung, unser Gespür für unseren eigenen Wert. Wir sehen uns selbst durch die Augen anderer. Wir suchen außerhalb unserer selbst, um festzustellen, wie wir uns selbst einschätzen.

Wenn jemand uns oder unseren Entscheidungen zustimmt, fühlen wir uns toll. Wenn andere uns oder unseren Entscheidungen widersprechen, fühlen wir uns schlecht.

Wir stolpern durch die Welt und versuchen, andere zufriedenzustellen und das zu sein, was andere vermeintlich von uns erwarten, statt wir selbst zu sein. Unsere eigenen Bedürfnisse sind uns nicht bewusst, oder wir stellen sie hintan, während wir uns abmühen, um unser Selbstwertgefühl aufzupolstern.

Die kurze Zeit auf diesem unglaublichen Planeten werden wir damit verbracht haben, eine Rolle zu spielen, uns eine Identität anzueignen, den wahrgenommenen Erwartungen anderer zu entsprechen. Wir werden niemals entdecken, wer wir wirklich hätten werden können.

Denken Sie nun über die in Ihrem Leben getroffenen Entscheidungen nach. Haben Sie Ihren Karriereweg gewählt, weil Sie sich für dieses Berufsfeld begeisterten, oder haben Sie Jura oder Wirtschaft oder was auch immer studiert, weil das von Ihnen erwartet wurde? Oder lassen Sie mich es anders ausdrücken: Haben Sie je den Drang verspürt, etwas in Ihrem Leben zu verändern oder sich mutig einer neuen Herausforderung zu stellen, aber taten es nicht, weil Sie sich sorgten, was andere denken könnten?

Das passiert uns allen.

Aber worauf ich hinauswill: Wenn Sie immer weniger auf das achten, was Sie im *Innersten* ausmacht – Ihre Talente, Glaubenssätze und Werte – und sich an das anpassen, was andere vielleicht denken oder auch *nicht*, werden Sie dramatisch Ihr Potenzial und Ihr Streben nach wahrer Meisterschaft einschränken.

Wir alle verfügen über einzigartige Qualitäten und Stärken – und es ist unsere Aufgabe, das Beste daraus zu machen. Wir sind stets in einem Zustand des Werdens – und dieser Zustand, dieses Streben danach, die Person zu werden, die wir sein wollen, ist eine flüchtige Sache und geht leicht verloren zwischen all dem, was intern und extern in unserem Alltag Druck ausübt. Wir brauchen tiefgehende Entschlusskraft und eine Vision, um das umzusetzen.[3]

Wenn Sie sich zu sehr von äußeren Kräften wie den Meinungen anderer oder sozialem Druck beeinflussen lassen, dann kann Ihnen das zu enge Grenzen setzen und einschränken, was möglich wäre.[4] Statt den nächsten Schritt zu gehen, sagen Sie sich vielleicht selbst: *Die Chancen stehen gegen mich, oder ich bin nicht schlau genug.* Statt den Beruf zu wechseln, halten Sie vielleicht dagegen: *Ich bin zu alt.* Wenn man dann nicht einschreitet, fühlen sich diese Geschichten real, wahr und unveränderlich an.

Der Wunsch, dazuzugehören, und die lähmende Angst, jemand könnte uns nicht mögen, untergraben unsere Fähigkeit, nach dem Leben zu streben, das wir uns wünschen und erschaffen wollen.

Auch wenn FOPO aufgrund unserer Steinzeitgehirne eine Realität unseres Alltags ist, bedeutet das nicht, dass wir uns die ganze Zeit damit befassen müssen – und uns davon abhalten lassen, das zu tun, was wir tun wollen.

Freiräume

Die Geschichte von Woody Hoburg unterstreicht die Chance, die sich auftut, wenn wir unserem eigenen Pfad folgen und uns nicht den Meinungen anderer beugen. Woody ist einer der wunderbarsten Menschen, die ich je getroffen habe. Er steht ständig unter Strom – emotional, psychologisch, intellektuell und körperlich. Sein Sinn fürs Abenteuer wird nur von seiner Neugier und Bescheidenheit übertroffen. Seit der Kindheit liebte er es, zu klettern, und träumte davon, ins Weltall zu fliegen. Woody machte einen Bachelor in Aeronautik und Astronautik am MIT und wechselte dann nach Berkeley, um seinen Doktor in Informatik anzugehen.

Woody liebte es, schwierige, technische Probleme zu lösen, aber er hatte noch eine andere Seite, die er auf diese Art nicht ausleben konnte. In Berkeley kletterte er an den Wochenenden im nahe gelegenen Yosemite-Park, und er hatte einen Pilotenschein, aber er wollte seine Abenteuer strukturierter und bedeutender gestalten. Er wollte seine Fähigkeiten in einen sinnstiftenden Job einbringen. Ihm kam die Idee, einen Ersthelferschein zu machen und sich dem Such- und Rettungsteam des Yosemite-Nationalparks anzuschließen.

Bergrettungen durchzuführen, hat nichts damit zu tun, einen Doktortitel in Informatik anzustreben, also suchte sich Woody Rat bei seinen akademischen Mentoren, den Menschen, die er respektiert und bis zum heutigen Tag als seine Freunde und Mentoren betrachtet. Er fand es faszinierend, wie viele ihn davon abbringen wollten und ihm Dinge sagten wie: »Ich glaube nicht, dass das eine gute Idee ist. Ich bin mir nicht sicher, wie dir das bei dem helfen soll, was du anstrebst.«

Die Meinung von Akademikern hat Gewicht, wenn man selbst eine akademische Karriere anstrebt. Wie Woody es beschreibt: »Das sind die Menschen, denen ich tiefes Vertrauen und Respekt entgegenbringe, und ich wollte mir ihre Meinung anhören.« Aber Woody widerstand der Versuchung, sich ihrer Ansicht zu beugen. »Schließlich und endlich musste ich meine eigene Entscheidung treffen … Ich wusste einfach, dass ich das machen würde, und ich bin so froh, dass ich es getan habe, denn es war eine der besten Erfahrungen meines Lebens.«

Woody erwarb seinen Dr. phil. in Berkeley, begann am MIT zu unterrichten und trainierte in einer Kletterhalle, als sein bester Freund ihm erzählte, dass die NASA nach einer vierjährigen Pause wieder Bewerbungen von Astronautenkandidaten entgegennahm. Woody füllte ein Formular im Internet unter USAjobs.gov aus und klickte den »Absenden«-Button, wobei er sich »null Chancen« ausrechnete, angenommen zu werden. Eineinhalb Jahre später war er einer von zwölf Kandidaten, die für die Astronautenausbildung aus mehr als 18 000 qualifizierten Bewerbern ausgewählt worden waren. Während ich diese Zeilen schreibe, ist Dr. Hoburg auf der International Space Station und leitet eine sechs Monate währende Mission. Gemeinsam mit ihm habe ich vor Kurzem den ersten Podcast aus dem Weltall aufgenommen.

Wieso wurde Woody ausgewählt? Er glaubt, dass sich seine Bewerbung dadurch hervorhob, dass er sich dem Such- und Rettungsteam des Yosemite-Parks angeschlossen hatte. Seine Weigerung, sich dem Druck der Meinung anderer zu beugen, hat ihm sein Ticket ins All ermöglicht, und er konnte den Traum seiner Kindheit verwirklichen.

In den Schützengräben

Als Psychologe im High-Performance-Bereich hatte ich das Privileg, mit einigen der außergewöhnlichsten Menschen und Teams weltweit zu arbeiten. Ich war an der Seitenlinie, als die Seattle Seahawks den Super Bowl XLVIII gegen die Denver Broncos gewannen. Ich saß im Raum der Einsatzleitung, als der österreichische Base-Jumper Felix Baumgartner seinen Rekordsprung aus knapp 39 Kilometern Höhe über dem Erdboden absolvierte und dabei rund 1.300 km/h Geschwindigkeit erreichte. Ich war am Strand von Tokio, als das US-amerikanische Surfteam die erste olympische Goldmedaille in der Geschichte dieser Sportart erlangte. Ich befand mich am Rand des Spielfelds, als Kerri Walsh Jennings und Misty May-Treanor, vielleicht das beste weibliche Beachvolleyballteam aller Zeiten, drei Goldmedaillen bei drei aufeinanderfolgenden Olympischen Spielen gewannen. Ich war im selben Raum wie der CEO des größten Tech-Unternehmens der Welt, als dieses beschloss, als erste Organisation eine von Mindset, Empathie und Sinn geprägte Kultur zu etablieren.

Die besten Leistungsträger der Welt überschreiten die wahrgenommenen Grenzen des menschlichen Potenzials und erweitern unsere Ansichten darüber, was möglich ist.

Aber meiner Erfahrung nach sind sie nicht nur außergewöhnlich gut in dem, was sie tun. Abgesehen von einem unnachgiebigen Streben nach Höchstleistungen, geht es diesen High-Performern auch um innere Exzellenz. Sie bemühen sich stets um Meisterschaft.

Und das ist nicht leicht. Auch wenn wir Sportler, Schauspieler, Führungspersonen und Musiker gerne als übermenschlich ansehen und glauben, dass sie von Natur aus gewisse körperliche Fähigkeiten und mentale Stärke besitzen, sieht die Realität weitaus komplexer aus.

Tatsächlich macht uns Erfolg – besonders, wenn wir ihn öffentlich erzielen – empfänglicher für FOPO.

Stellen Sie sich vor, Sie wären einer Feedbackschleife an Kritik und Lob von Fans, Medien und Usern in den sozialen Netzwerken 24 Stunden am Tag, sieben Tage die Woche ausgesetzt. Und stellen Sie sich vor, Sie müssten als ein Popstar oder Schauspieler ständig Kommentare und Kritiken über Ihre Stimme, Ihr Aussehen und Ihre Fähigkeiten lesen. Das würde vermutlich an Ihnen nagen, oder nicht?

Oder wie wäre es, wenn Sie Ihr gesamtes Leben dem Ziel gewidmet hätten, es in Ihrem Sport bis an die Spitze zu schaffen, um dann festzustellen, dass die Verlockungen von Macht und Ruhm wie eine Falle sein und zu Einsamkeit und Depression führen können?

Oder nehmen Sie mal an, dass Ihr Erfolg im Leben von einer einzigen Maßzahl bestimmt würde: Siege. Das kann besonders für die Olympioniken schwer sein, die ihr gesamtes Leben auf einen einzigen Event hin trainieren, der in manchen Fällen weniger als eine Minute dauert. Stellen Sie sich vor, Sie würden auf dem vierten Platz landen – nur einen Wimpernschlag entfernt von einer Medaille.

Das kommt auch in der Unternehmenswelt vor. Je höher man auf der Karriereleiter aufsteigt, desto leichter lässt man sich von den prüfenden Blicken anderer und von der öffentlichen Meinung verunsichern. Manager haben die Macht, Entscheidungen zu treffen, die bedeutende Auswirkungen auf Stakeholder haben – Angestellte, Kunden, Aktieninhaber und die allgemeine Öffentlichkeit – und ihre Handlungen und Entschlüsse bedingen vermehrt die Aufmerksamkeit und Meinungsäußerungen dieser Gruppen. Medienberichte verstärken noch weiter die öffentliche Meinung und üben zusätzlichen Druck auf Führungspersonen aus, ihr öffentliches Image effektiv zu managen. Deswegen sind solche Menschen besonders anfällig für FOPO.

Ich möchte hier aufzeigen, wie stark verbreitet es ist, sich auf externe Faktoren – Dinge jenseits unserer Kontrolle – zu konzentrieren, und dass diese Neigung nicht automatisch verschwindet, wenn man Erfolg hat.

Deswegen ist es wichtig, mental an uns zu arbeiten, um uns auf das zu fokussieren, was wir kontrollieren können – uns selbst.

Meisterschaft in irgendeinem Lebensbereich – in der Kunst, im Business, als Eltern, im Sport – erfordert, dass wir in der Lage sind, zu unterscheiden, was wir kontrollieren können und was nicht.

Wenn wir uns auf Dinge außerhalb unserer Kontrolle konzentrieren, verlieren wir den Fokus und die Energie dafür, was wir steuern können.

Daher besteht die erste Regel der Meisterschaft darin, einen Blick nach innen zu werfen und sich grundsätzlich der Aufgabe zu verschreiben, das zu meistern, was zu 100 Prozent unserer Kontrolle unterliegt. Etwas anderes können wir nicht meistern. Das ist die Essenz des Pfades zur Meisterschaft.

FOPO für sich nutzen

Im Hochleistungssport arbeiten die Athleten daran, ihr Bewusstsein auf bestimmte Dinge zu richten und ihre psychologischen Fertigkeiten zu steigern, damit sie angesichts einer Herausforderung über die internen Tools verfügen, um diese Erfahrung zu meistern. Der gleiche Ansatz kommt zum Tragen, wenn es um unsere Beziehung zu den Meinungen und Urteilen anderer geht.

Dieses Buch will einen psychologischen Prozess durchleuchten, der unterschwellig abläuft und diesen zu Ihrem besten Lehrmeister machen. Nutzen Sie FOPO als Chance. Suchen Sie in Ihrem Leben danach. Nutzen Sie Ihre Reaktionen darauf als Sprungbrett zu einem besseren Selbstverständnis. Erkennen Sie, wie Sie als Reaktion auf die subjektiv wahrgenommenen Werturteile anderer denken und handeln.

Jedes Kapitel bietet eine Erkenntnis oder Lektion darüber, wie Sie FOPO nutzen können, um Ihr Potenzial zu entfalten.

Statt vor FOPO zu flüchten oder sie zu ignorieren, können Sie sie als Lernmöglichkeit annehmen, als eine Art Sprungbrett, um das eigene Potenzial zu erschließen. Nutzen Sie FOPO, um bisher verborgene Aspekte Ihres Selbst zu entdecken. Wenn FOPO auftritt, setzen Sie sich ihr bewusst aus, um herauszufinden, was unter der Angst verborgen ist.

Nehmen wir an, Sie haben bei einem Meeting mit einem Kunden eine tolle Idee, aber Sie melden sich nicht zu Wort. Finden Sie heraus, wieso. Wollen Sie, dass die Idee erst völlig ausgearbeitet ist, bevor Sie andere daran teilhaben lassen? Befürchten Sie, Sie könnten sich nicht eloquent genug ausdrücken? Sorgen Sie sich, Ihre Idee könnte wenig Anklang finden? Falls dem so ist, was würde passieren, wenn andere Ihre Idee nicht begrüßen? Bedeutet das, Sie sind inkompetent? Oder nicht gut genug? Gehen Sie diesem Gedanken nach, um herauszufinden, was die Wurzel Ihrer Angst ist. Welche Story erzählen Sie sich selbst?

Ein Bewusstsein für unsere Ängste bezüglich der Meinungen anderer zu entwickeln, ist der erste Schritt, um ihre Macht über uns zu verringern. Bewusstsein als Ausgangspunkt für den Wandel ist keine neue Idee. Jedes Buch über Selbstverbesserung, jeder Neujahrsvorsatz, jedes Zwölf-Schritte-Programm beruht auf Bewusstsein. Wir können nicht einmal über den Wandel nachdenken, solange uns die Herausforderung nicht bewusst ist, die wir bewältigen wollen.

Aber Bewusstsein ist nur der erste Schritt. Bewusstsein muss von der Verbesserung der psychologischen Fertigkeiten begleitet werden. Jemand könnte eine Panikattacke haben und sich überdeutlich bewusst sein, dass die eigenen Gedanken der Auslöser sind, aber dennoch nicht fähig sein, mit diesen Gedanken zu arbeiten.

Lauren ist dafür ein gutes Beispiel. Sie ließ nicht zu, dass FOPO bestimmte, wie ihr Leben weiter verlief. Mit einem Jahr Pandemie bedingter Verspätung flog sie 2021 mit dem Team Kanada nach Tokio und stand im Alter von 39 Jahren mit einer Bronzemedaille in der Hand auf dem olympischen Podium.

Lauren vergaß aber nicht, wie leicht ihr Traum hätte scheitern können:

> FOPO. Sie ist real.
>
> Und sie stand mir fast im Weg.
>
> Zum Glück ich mir selbst nicht.
>
> Zum Glück hatte ich das Selbstvertrauen, auf mich selbst zu hören.
>
> Also stelle dir die Frage …
>
> Steht FOPO dir im Weg?[5]

1

Beethovens Geheimnis

Ein Künstler darf nie Gefangener seiner selbst, Gefangener eines Stils, Gefangener seines Rufs, Gefangener des Erfolgs sein.

– **HENRI MATISSE**

Niemand ist immun gegen FOPO – Sie nicht, ich nicht, Weltklassesportler nicht. Selbst anerkannte Künstler, wie einer der herausragendsten und profiliertesten Komponisten aller Zeiten, lassen sich von dem Sog von FOPO aus der Bahn werfen.

Aber erst, wenn wir uns den Mächten von FOPO stellen, können wir uns auf den Weg zur Meisterschaft machen.

Lesen Sie die Geschichte von Beethoven.

Vielen Menschen schien er ein Gefäß Gottes zu sein, um Musik aus höheren Sphären durch ihn fließen zu lassen. Seine Arbeit hat jedes Genre der klassischen Musik transformiert. Er brach alle Regeln, um Musik zu schaffen, die wie keine andere dieser Welt eine transzendente Qualität aufweist. Er verkörperte die Idee des kreativen Genies, das sich gegen die Konventionen stemmt und machtvoll seinen eigenen künstlerischen Pfad beschreitet.

Obwohl er einer der furchtlosesten Künstler war, die je über diese Erde schritten, lebte Beethoven drei Jahre in lähmender Angst vor der Meinung anderer.

Fast auf dem Höhepunkt seiner Karriere angelangt, zog er sich aus der Öffentlichkeit zurück. Er trug ein Geheimnis mit sich, von dem er dachte, es könne seine Karriere zerstören, wenn es bekannt würde. Der archetypische kreative Künstler, der anscheinend dazu geboren war, gegen das Schicksal und die Ungerechtigkeit der Welt anzukämpfen, isolierte sich lieber, als drei Worte laut auszusprechen.

»Ich bin taub.«

Beethovens Gehör begann sich bereits stark zu verschlechtern, als er Mitte 20 war. Die grausame Ironie, den Sinn zu verlieren, der am wichtigsten für seine Kunst und seinen Lebensunterhalt war, trieb ihn auf eine nutzlose Suche nach Heilmitteln, von Ohrstöpseln, die in Mandelöl getränkt waren, über Bäder bis zu giftiger Baumrinde. Während dieser frühen Jahre redete er mit niemandem außerhalb der Ärzteschaft über sein nachlassendes Gehör. Während die Gesellschaft ihn zunehmend feierte, war er allein in der Welt seiner beunruhigenden Gedanken und Gefühle gefangen.

Um seinen Hörverlust zu maskieren, versteckte er sich hinter der Fassade des genialen Künstlers, der sich mit anderen intellektuellen Aktivitäten beschäftigte. Wenn er etwas nicht verstand, was jemand sagte oder einen Ton nicht hörte, auf den jemand anderes hinwies, nahm derjenige (unter Beethovens Einfluss) an, er sei nur unaufmerksam oder vergesslich. »Es ist überraschend, dass einige meine Taubheit nie bemerkten; aber da ich stets Phasen der geistigen Abwesenheit hatte, schrieben sie mein schlechtes Gehör diesen zu. Manchmal auch hör ich den Redner, der leise spricht, wohl, aber die Worte nicht, und doch, sobald jemand schreit, ist es mir unausstehlich. Der Himmel allein weiß, was aus mir werden soll.«[6]

Beethoven war zutiefst besorgt darüber, wie sein Gehörverlust sich auf seine Musik auswirken würde, besonders auf sein Klavierspiel, aber die öffentliche Wahrnehmung war ebenso bedrohlich. »Hätte ich irgendein anderes Fach so gings noch eher, aber in meinem Fach ist es ein schrecklicher Zustand, desto mehr wegen meiner Feinde, und es sind nicht wenige – was würden sie sagen?«[7] Er fürchtete, böse Zungen könnten diese Offenbarung gegen ihn verwenden. Er sorgte sich, ihre Kritik könnte dazu führen, dass man ihn diskriminieren und aus den Wiener Musikerkreisen ausschließen würde, in die er es dank seiner harten Arbeit geschafft hatte. Beethoven war wie andere Künstler seiner Zeit von Gönnern aus der Aristokratie abhängig. Das Stigma zu überwinden, war vielleicht eine schwierigere Hürde als der Verlust des Hörvermögens an sich.

Aber die größte Bedrohung von allen richtete sich gegen Beethovens Identität. »Ach wie wäre es möglich, dass ich da die Schwäche eines Sinnes angeben sollte, der bei mir in einem vollkommeneren Grade als bei andern sein sollte, einen Sinn, den ich einst in der größten Vollkommenheit besaß, in einer Vollkommenheit, wie ihn wenige von meinem Fache gewiss haben noch gehabt haben«, schrieb er an seinen Bruder.[8]

Er war Beethoven, der Musikgott, und Musikgötter sollten Musik besser hören können als normale Sterbliche. Der Verlust seines Hörvermögens passte nicht zu der Vorstellung, die er von sich selbst hatte oder zu dem öffentlichen Image, das er pflegte. Seine Identität war wenig flexibel – konditioniert auf die Anerkennung und das Lob anderer –, und so real und unveränderlich für ihn wie Haut und Knochen. Wie es in einem Brief an seinen generösen

Wohltäter, Fürst Lichnowsky, durchklingt, grenzte seine Identität an einen selbstgemachten Mythos: »Fürst! Was Sie sind, sind Sie durch Zufall und Geburt. Was ich bin, bin ich durch mich selbst. Fürsten gab und gibt es Tausende. Beethoven gibt es nur einen.«[9]

Beethoven reagierte so, wie es die meisten von uns tun würden, wenn wir meinen, unser Überleben sei gefährdet. Er versuchte, sich selbst zu schützen. Statt nach innen zu blicken und die Art zu verändern, wie er sich selbst sah, blickte er nach außen und versuchte, die externe Realität der eigenen Selbstwahrnehmung anzupassen.

Beethoven bezahlte einen exorbitant hohen Preis, um eine Realität zu erschaffen, welche die Meinungen anderer im Zaum hielt. Er konnte oft die Menschen nicht reden hören, aber hatte Angst, sie zu bitten, lauter zu sprechen, weil er nicht wollte, dass man ihm auf die Schliche kam.

Er spielte die Rolle des Misanthropen, um sein Geheimnis zu verbergen. Er verbrachte Jahre in Isolation vor der Gesellschaft, allein in seiner Taubheit, und dachte über Selbstmord nach.

Vaterprobleme

Von jungen Jahren an war Beethoven der Glauben eingetrichtert worden, die Meinungen anderer seien wichtig. Sein Vater, Johann, ein mittelmäßiger Tenor, dessen eigene musikalische Ziele der Alkoholismus zunichte gemacht hatte, versuchte, seine Träume durch seinen Sohn zu leben. Er unterrichtete seinen Sohn selbst und übte verbale und physische Gewalt aus, um Beethoven hart anzutreiben. Mit Schreien, Drohungen und Schlägen machte er ihn gefügig und sperrte ihn sogar im Keller ein.[10] Als er eines Abends mit Freunden ausgegangen war und wieder nach Hause kam, ließ Johann den kleinen Beethoven auf einem Stuhl stehen, damit er an die Klaviertasten kam, und für seine Freunde spielen, wobei er ihn jedes Mal schlug, wenn er eine falsche Note spielte.

Als die Talente des jungen Beethoven offensichtlicher wurden, bemühte Johann sich darum, ihn zur neuesten musikalischen Sensation in Europa zu machen. Johann spielte die Rolle des Bühnenvaters des 18. Jahrhunderts, ein Marketer, der Beethovens Können in den musikalischen Kreisen in Bonn anpries. Als Beethoven sieben Jahre alt war, vertuschte sein Vater sein Alter und machte ihn ein Jahr jünger, damit er besser zum Archetypen des Wunderkinds passte. Er mietete einen Saal in Köln und schaltete eine Anzeige in der Lokalzeitung, in der er seinen »kleinen, sechs Jahre alten Sohn« anpries, der bereits die Ehre hatte, für den Hof gespielt zu haben.[11] Von jungen Jahren an erhielt Beethoven die wenig subtile Botschaft: »Es genügt nicht, so zu sein, wie du bist.«

Beethoven erkannte früh, dass sein Pfad nach oben durch die Wiener Musikwelt des 19. Jahrhunderts direkt mit dem Status und den Meinungen seiner Bewunderer zusammenhängen würde. Auf einer tieferen Ebene hatte er aus erster Hand erfahren, dass Bestätigung und Liebe eine Reaktion auf Leistung und Erfolg waren. Wie sein Vater ihn behandelte, hatte Beethoven deutlich gezeigt, dass er nicht dafür geliebt wurde, wer er war, sondern für das, was er tat. Die Verschmelzung von Liebe und Anerkennung sorgt oftmals für das Muster, auch im späteren Leben nach Anerkennung zu streben – und das Rampenlicht befeuerte Beethovens Selbstwahrnehmung.

Zuflucht

Beethoven verfügte über einen Rückzugsort, der unzugänglich für die Meinungen anderer war, keinen Raum für Selbstzweifel ließ und außerhalb der Reichweite seiner aristokratischen Gönner war, die das finanzielle Lebensblut für seine Musik waren – und das war seine Innenwelt.

Er entwickelte die Fertigkeit, sich völlig in seine Musik zu versenken und in sich selbst abzutauchen, seine Umgebung verschwinden zu lassen und seine Gehemmtheit zu vergessen. Er konnte irgendwo sein – während er in seine Notizbücher schrieb oder inmitten einer großen Menge improvisierte.

Eine Freundin aus Kindertagen erinnerte sich an diese Momente. Sie unterhielt sich mit Beethoven, aber er wirkte abwesend, schien sie nicht zu hören. Als er wieder ganz bei sich war, antwortete er: »Oh, bitte, nein, nein, vergib mir! Ich war mit solch wunderschönen, tiefen Gedanken befasst, ich konnte es nicht ertragen, gestört zu werden.«[12] Der Autor einer Beethoven-Biografie, Jan Swafford, beschrieb es als »Trance«, in der er »Einsamkeit auch in Gesellschaft fand«.[13] Ein Freund der Familie, der entscheidend für Beethovens frühe Karriere war, gab diesem Geisteszustand einen Namen, »Raptus«.[14] Beethovens Raptus wurde zu einer Legende in seinem engeren Kreis. Wenn er sich zurückzog, war es nicht ungewöhnlich, dass jemand kommentierte: »Er hat heute wieder seinen Raptus.«[15]

Mit seinem Raptus entwickelte Beethoven innere Fähigkeiten, die ihm gestatteten, sich auf die Musik zu konzentrieren und interne sowie externe Ablenkungen auszublenden. Er konnte sich an einen Ort zurückziehen, an dem die Meinungen anderer nicht wichtig waren. Sich in seine eigene Höhle zu flüchten, war angenehm für ihn, denn er kam gut allein mit sich zurecht. Er wusste, wie er auf seine eigene Musik lauschen konnte.

Die Herausforderung bestand darin, den Raptus zu verlassen und sich wieder dem Kampf um Anerkennung zu widmen.

Sich der FOPO stellen

Beethoven erreichte einen Punkt, an dem es unmöglich wurde, seine Taubheit zu verbergen. Er beschrieb dieses Dilemma in einem von Herzen kommenden und verzweifelten Brief an seine Brüder am 6. Oktober 1802, der als das Heiligenstädter Testament bekannt ist.[16]

> O ihr Menschen die ihr mich für feindselig, störrisch oder misanthropisch haltet oder erkläret, wie unrecht tut ihr mir, ihr wisst nicht die geheime Ursache von dem, was euch so scheinet … verzeiht, wenn ihr mich da zurückweichen sehen werdet, wo ich mich gerne unter euch mischte … wie ein Verbannter muss ich leben, nahe ich mich einer Gesellschaft, so überfällt mich eine heiße Ängstlichkeit, indem ich befürchte in Gefahr gesetzt zu werden, meine[n] Zustand merken zu lassen … welche Demütigung wenn jemand neben mir stand und von weitem eine Flöte hörte und ich nichts hörte, oder jemand den Hirten singen hörte, und ich auch nichts hörte, solche Ereignisse brachten mich nahe an Verzweiflung, es fehlte wenig, und ich endigte selbst mein Leben.

Die romantische Version des Wandels ist, dass wir eine Veränderung in unserer körperlichen oder psychologischen Verfassung oder in unserer Umwelt bemerken und erkennen, etwas anders machen zu müssen. Wir stellen uns der Herausforderung, gehen das Risiko ein, vollziehen den Wandel und ernten dann den Lohn.

Leider ist das eher die Ausnahme als die Regel. Zutiefst verwurzelte Muster und Verhaltensweisen erschweren es, uns zu ändern.

Wir wissen, wir sollten genau das tun, aber oft ändern wir nichts, bis wir dazu gezwungen sind. Wenn wir ganz am Boden sind. Oder der Schmerz nicht mehr auszuhalten ist. Wir sind gezwungen, unsere Herangehensweise an die Welt neu zu überdenken.

Meiner Erfahrung nach ist es oft der Schmerz, der einen Wandel herbeiführt. Das war sicherlich bei Beethoven der Fall.

Das Heiligenstädter Testament zeigt Beethoven ganz am Boden, aber es markiert auch eine fundamentale Veränderung in seiner Beziehung zur gesellschaftlichen Anerkennung und Akzeptanz und hat nicht zufällig die Schleusen geöffnet für einen der größten kreativen Schaffensströme in der Geschichte der Menschheit. Nachdem er seine Verzweiflung zu Papier gebracht hatte, akzeptierte Beethoven seine Taubheit als einen Teil von sich und beschloss, seine künstlerischen Kapazitäten voll auszuschöpfen, was es auch kosten möge: »Es fehlte wenig, und ich endigte selbst mein Leben – nur sie die Kunst, sie hielt mich zurück, ach es dünkte mir unmöglich, die Welt eher zu verlassen, bis ich das alles hervorgebracht, wozu ich mich aufgelegt fühlte … Geduld – so heißt es, Sie muss ich nun zur Führerin wählen, ich habe es.«

Beethoven beschloss, seine größte Angst offenzulegen, und indem er es tat, befreite er sich aus dem lähmenden Griff der FOPO. »Alles Böse ist mysteriös und scheint am größten, wenn man es in der Einsamkeit betrachtet«, schrieb er. »Besprochen mit anderen wirkt es erträglicher, denn man wird vertraut mit dem, das man fürchtet und glaubt, es überwunden zu haben.«[17] Statt sein Leben zu zerstören, hat ihn das Eingeständnis auf eine unvorstellbare Art freigemacht. Er musste nicht mehr versuchen, die Wahrnehmung anderer von sich zu beeinflussen und erhielt die Kontrolle über sein Leben zurück.

Der Pfad der Meisterschaft

Als Beethoven sich keine Sorgen mehr deswegen machte, was andere über ihn dachten, spielte er seine Musik nicht mehr für die Welt außerhalb, sondern er spielte die Musik aus seiner inneren Welt heraus. Als er sich diese erste Regel zu eigen machte, betrat er den Pfad zur Meisterschaft.

Meisterschaft ist ein aus dem Inneren gelenktes Leben, das sich extern ausdrückt. Da es keine Ziellinie zu überqueren gibt, ist die Meisterschaft eine Liebesgeschichte zwischen uns und der Erfahrung, Aufrichtigkeit, Wahrheit und der ständigen Exploration. Man kann nicht den Pfad der Meisterschaft betreten, wenn man sich nicht fundamental der Aufgabe verschreibt, von innen nach außen zu arbeiten.

Technische Exzellenz allein reicht nicht aus, um den Pfad der Meisterschaft zu beschreiten. Wenn Sie nicht von einem mit Ihrem wahren Selbst verbundenen Ort des Schaffens ausgehen, dann sind Sie nur ein guter Performer, aber kein Meister. Wenn Sie glauben, Sie müssten erst die Befindlichkeiten der Welt um Sie herum erkunden, bevor Sie das Feuer in sich selbst entfachen, werden Sie Ihr Potenzial nie entfalten können.

Meisterschaft bedeutet nicht, sich mit anderen zu vergleichen. Wenn man Beethoven vor dem Heiligenstädter Testament mit anderen ihm vorausgehenden großen Komponisten verglich, war man sich vermutlich einig, dass er ein wahrer Meister war. Aber Beethovens Meisterschaft gegen die von Bach oder Mozart zu stellen, ist bedeutungslos.

Der grundlegende Maßstab für Meisterschaft ist das, was jeder Einzelne von uns individuell werden kann – wobei wir nicht wissen, wie das aussieht, bevor wir uns die erste Regel der Meisterschaft zu eigen machen.

Je mehr wir die Dinge außerhalb unserer Kontrolle wertschätzen, desto weniger Kontrolle haben wir

Beethoven erschöpfte sich nicht mehr innerlich, indem er versuchte, die Gegebenheiten zu beeinflussen, die er nicht völlig steuern konnte, und meisterte das, was innerhalb seiner Kontrolle lag.

Er gab seine Karriere als virtuoser Pianist auf, um sich aufs Komponieren zu konzentrieren. Als Beethoven das hinter sich ließ, was er glaubte, sein zu müssen, wurde er zu dem, der er tatsächlich sein konnte. Er erschuf eine Welt der Töne, die sich von allem unterschied, was man bis dato gehört hatte.

Gegen Ende seines Lebens schrieb der taube Beethoven seine letzte Symphonie, eine der größten Leistungen in der Musikgeschichte. Bei der ersten öffentlichen Aufführung, an der er seit zehn Jahren zum ersten Mal wieder selbst beteiligt war, »dirigierte« er das Orchester bei der Premiere der Neunten Symphonie im Wiener Theater am Kärntnertor am 7. Mai 1824. Aufgrund seiner Taubheit waren die Musiker angewiesen worden, dem tatsächlichen Dirigenten, Michael Umhauf, zu folgen. Aber Beethoven konnte nicht anders, als den Musikern zu zeigen, welchen Stil und welche Energie er mit dem Stück verband, und gab sich voller Engagement der Musik für ein Orchester hin, das für ihn tonlos blieb.[18] Am Ende der Aufführung blieb er mit dem Gesicht zum Orchester stehen und konnte das Publikum hinter sich nicht hören. Der Kontralto tippte Beethoven sacht auf die Schulter und drehte ihn zum Publikum, damit er den donnernden Applaus und das Meer aus wedelnden Taschentüchern und Hüten, die in die Luft gehalten wurden, sehen konnte.

Wir versuchen oft, die Meinung anderer und wie sie über uns denken, zu kontrollieren, aber ironischerweise geben wir damit beim Streben nach Anerkennung die Kontrolle über unser eigenes

Leben auf. Wie Laotse, der Philosoph und mutmaßliche Autor des Tao Te Ching und Gründer des Taoismus sagte: »Sorge dich darüber, was andere Leute denken, und du wirst für immer ihr Gefangener sein.«

Von der Idee zur Tat

Lassen Sie uns eine Übung durchführen, um herauszufinden, was wir tatsächlich kontrollieren. Sie können visualisieren, was ich vorgebe oder einen Stift und Papier herausholen und es aufschreiben (siehe Abbildung 1-1).

Zeichnen Sie einen großen Kreis und einen kleineren darin, sodass es fast wie ein Donut aussieht. Im äußeren Kreis listen Sie all die Dinge im Leben auf, die Sie nicht hundertprozentig steuern können. Beginnen Sie mit den Meinungen anderer, da es ziemlich eindeutig ist, dass wir keine Kontrolle darüber haben. Fügen Sie Begriffe hinzu wie das Wetter, Ihre Lieblingssportmannschaft; Vorgesetzte; die Marktbedingungen; die Arbeitsplatzumgebung. Es ist eine lange Liste.

Im kleineren Kreis listen Sie all die Dinge auf, die Sie zu 100 Prozent steuern – wie etwa die Uhrzeit, zu der Sie in der Arbeit erscheinen, wie Sie mit Ihren Kindern sprechen, wie sehr Sie sich auf dem Spielfeld anstrengen.

Also, was liegt innerhalb Ihrer Kapazität, es zu 100 Prozent zu kontrollieren? Was unterliegt nicht Ihrer Kontrolle?

ABBILDUNG 1-1

Was Ihrer Kontrolle unterliegt und was nicht

TEIL 1

DEMASKIEREN

2

Die Mechanismen von FOPO

Eine Meinung ist letztlich von Gefühlen bestimmt und nicht vom Intellekt.

– HERBERT SPENCER

Ich unterhielt mich mit Moby, dem Visionär, Grammy-Gewinner und Musikgenie, und er beschrieb, wie berauschend es sein kann, Bestätigung von außen zu erhalten:

> Ich sah mich in den frühen Tagen als Musiker auf einem Zeitschriftencover und dachte mir: »Oh, mein Gott, das ist die beste Bestätigung. Das ist Liebe. Die Menschen lieben mich. Das bedeutet, ich habe Bedeutung. Ich bin ihnen wichtig. Sie sind nett zu mir. Ich habe Freunde, die ich noch nie getroffen habe.« Und so verbrachte ich die nächsten 15 Jahre damit, wie besessen darauf zu achten, was die Leute über mich sagten, denn eine Minute lang fühlte es sich richtig gut an. Ich meine, es hört sich an, als würde ich die Wirkung von Alkohol und Drogen beschreiben. Da sagte man sich auch zu Beginn: »Wie groß-

> artig ist das denn? … Die Antwort auf all meine Probleme.« Und mit der Zeit merkt man langsam, wie es einen zerstört.[19]

Moby ist so eine Art Mischung aus Philosoph und Musiker, und im Laufe der Zeit wurde ihm die Dynamik des Meinungsspiels klar. Statt weiter auf die Welt außerhalb zu reagieren, änderte er sein Vorgehen:

> Ich habe lange Zeit unter den Augen der Öffentlichkeit gelebt, und ich achte nicht mehr darauf, welche Label mir jemand anheften will. Ich lese keine Kommentare in den sozialen Medien mehr. Ich lese keine Kritiken mehr. Ich sehe mir schon lang keine Interviews von mir selbst mehr an, denn mir ging endlich auf, wie unlogisch das war. Ich hoffe, das könnte vielleicht für die Zuhörer hilfreich sein: Denkt mal darüber nach, wie seltsam es ist, dass wir unser Selbstwertgefühl – unseren emotionalen Zustand – Fremden übergeben, Menschen, die wir noch nie getroffen haben und Leuten, die vielleicht nur Bots aus einer Trollfarm in Mazedonien sind … Mir ist vor einer Weile klar geworden, dass ich nicht geistig gesund und ausgeglichen bleiben kann, wenn ich ständig von den Meinungen der Menschen, die ich noch nie tatsächlich getroffen habe, zerrissen werde.

Moby setzte sich nicht mehr den Meinungen von Leuten aus, die er nicht kannte und die ihn nicht kannten. »Ich kann es nicht persönlich nehmen, denn sie reagieren nicht auf eine Person. Sie reagieren auf ein Foto oder auf ein Bild oder auf eine Idee.«

Wie Moby erkannte, gibt es einen Raum, eine Lücke, zwischen einem gegebenen Reiz und unserer Reaktion.[20] Eines der großen Privilegien des Menschseins ist es, dass wir innerhalb dieses Raums die Freiheit und Macht besitzen, über unsere Reaktion zu entscheiden. Auch wenn wir die Ereignisse in unserem Leben nicht kontrollieren können, steuern wir, wie wir darauf reagieren und welche Einstellung wir dazu haben. Indem wir bewusst wählen, wie wir reagieren, können wir uns von automatischen Mustern, Gewohnheiten und konditioniertem Verhalten freimachen.

Zunächst meinte Moby, seine Erfahrung sei »etwas, das nur für Personen relevant ist, die in der Öffentlichkeit stehen«, wie »Profisportler, Schauspieler, Musiker oder Politiker, aber heute ist es buchstäblich jeder, der ein Handy und einen Account in den sozialen Medien hat«. Wie er es beschrieb: »Jeder steht heute in der Öffentlichkeit. Der Typ, der in meinem örtlichen Supermarkt arbeitet und die Waren in meine Tüte legt, steht in der Öffentlichkeit, weil er einen Instagram-Account hat. Er hat vielleicht nur 20 Follower, (aber) das ist Öffentlichkeit.«

Sich die öffentliche Meinung anzusehen, um zu prüfen, ob alles mit uns in Ordnung ist oder um unseren sozialen Wert zu messen, ist ein zunehmend normales Phänomen im digitalen Zeitalter, aber die Massen können ein sehr gefährliches Messinstrument sein.

Ein innerer Kompass

Es gehört zu unserem Wesen, Beziehungen mit anderen Menschen aufzubauen und zu erhalten. Geselligkeit ist eine Eigenschaft, die in allen Kulturen anzutreffen ist und ein bestimmender Aspekt des Menschseins. Aus der evolutionären Perspektive haben Menschen schon immer in Gruppen gelebt, um sich vor Raubtieren zu schützen und Zugang zu Ressourcen zu erhalten. Aber unsere soziale Natur treibt mehr an, als nur die pragmatischen Bedürfnisse, die unser Überleben sichern. Wir sehnen uns ganz natürlich nach Verbindung und danach, dazuzugehören, denn das ist entscheidend für unsere mentale und emotionale Gesundheit. Uns ist das grundlegende Verlangen zu eigen, uns geliebt, akzeptiert und von anderen wertgeschätzt zu fühlen, und wir streben oft nach Beziehungen, die diese Gefühle auslösen.

Und angesichts dessen, dass unser Überleben und unsere Fortpflanzung essenziel von unseren sozialen Beziehungen abhängen, müssen wir in der Lage sein, einzuschätzen, ob und wie wir in das soziale Gewebe passen.

Dr. Mark Leary, Psychologe und Neurowissenschaftler an der Duke University, hat vermutlich diesen Mechanismus identifiziert. Als er Forschungen über Ablehnung durchführte, stellte Leary fest, dass das Selbstwertgefühl der Menschen stieg, wenn sie sich akzeptiert fühlten und absackte, wenn sie sich abgelehnt vorkamen. Aber diese Erkenntnis ergab für ihn keinen Sinn, denn das Selbstwertgefühl wurde weithin als eine private Selbstbewertung der allgemeinen Zufriedenheit mit der eigenen Person gesehen. In der Theorie sollte unser Selbstwertgefühl unabhängig davon sein, wie uns andere Menschen behandeln.

Leary vergrub sich in die Details, um zu verstehen, wieso wir so reagieren. Wieso antwortet unser Selbstwertgefühl so sensibel auf Akzeptanz oder Ablehnung? Seine jahrzehntelange Forschung hat die allgemein verbreitete Meinung über das Selbstwertgefühl auf den Kopf gestellt. Statt unsere eigene Meinung über uns selbst wiederzugeben, bietet nach Learys Ansicht das Selbstwertgefühl »anhaltendes Feedback darüber, wo wir in den Augen anderer stehen«.[21] Leary geht davon aus, dass es ein interner Kompass oder eine Messeinrichtung ist, die uns in Echtzeit wissen lässt, wie andere uns sehen.

Aus der Perspektive der Evolution hat sich das Selbstwertgefühl als Prüfmechanismus für die Qualität unserer Beziehungen entwickelt. Dieses System überwacht die Reaktionen anderer auf unser Verhalten und löst Alarm aus, wenn es mögliche Veränderungen unseres Inklusionsstatus feststellt. Dieses Überwachungssystem arbeitet normalerweise unbewusst, bis es feststellt, dass unser Beziehungswert fällt oder niedrig ist. Wenn die Alarmglocken schellen, tritt die Bedrohung unserer sozialen Bindungen in unser Bewusstsein, und wir bewerten die Situation. *Werde ich akzeptiert oder rausgedrängt? Muss ich mein Verhalten anpassen, um die Beziehung zu retten?*

Angesichts des hohen Wertes unserer Beziehungen für unser Überleben ergibt es Sinn, dass es physisch und psychisch in uns verankert ist, wie wir unsere internen Ressourcen auf Beziehungen ausrichten. Es ist ebenso sinnvoll, dass wir bestimmte Mechanismen entwickelt haben, um Ablehnung zu minimieren und Akzeptanz zu verbessern. Unsere Umgebung ständig zu bewerten, ist normal, das gehört zu unserem Menschsein. Wir alle verfügen über einen interpersonalen Prozess, um nach Hinweisen aus der Umgebung zu suchen und so unseren Wert innerhalb der sozialen Struktur einzuschätzen.

FOPO hingegen ist weniger sinnvoll.

Wenn Learys Soziometer ein guter Maßstab ist, um uns auf unsere sozialen Beziehungen einzustellen, ist FOPO das unangepasste Schattenselbst.

Statt das Feedback anderer mit unserer eigenen Selbstwahrnehmung zu kalibrieren, gestatten wir es anderen Menschen, unseren Wert zu bestimmen. FOPO wirkt sich so aus, dass wir reflexhaft die Meinung anderer zu hoch bewerten. Wir verschieben auf gefährliche Weise den Wert, den wir in einer Beziehung haben, auf die andere Person. Indem wir anderen gestatten, uns einen Wert zuzuschreiben, manövrieren wir uns in eine Situation, in der wir auf biologischer Ebene ständig mit unserem eigenen Überleben beschäftigt sind.

Die Merkmale von FOPO analysieren

FOPO ist ein *antizipatorischer* Mechanismus, der uns psychologisch, physiologisch und körperlich aktiviert, um Ablehnung zu vermeiden und zwischenmenschliche Verbindungen zu fördern. Es ist ein präventiver Prozess, um Akzeptanz in Beziehungen zu fördern und Ablehnung zu vermeiden. Statt zu sagen, *Oh, ich sollte besser eine Kurskorrektur aufgrund echten Feedbacks über ein Ereignis und aufgrund meiner eigenen internen Perspektive vornehmen*, versucht FOPO, um Ecken zu sehen: *Oh, ich sollte besser eine Kurskorrektur vornehmen, bevor ich irgendwelche Daten erhalte, die bestätigen, was meiner Vorstellung nach passieren könnte.*

FOPO bringt auch eine extrem übersteigerte soziale Bereitschaft mit sich, das eigene Umfeld unablässig nach Zeichen von Bestätigung abzusuchen und zu scannen. Weil wir zu viel Wert darauflegen, was andere denken *könnten*, achten wir mit Argusaugen auf jedes Signal einer potenziellen Ablehnung.

FOPO ist der allumfassende Versuch, das zu interpretieren, was andere denken, im Bestreben, jede negative Bewertung anderer zu vermeiden. Es ist nicht die tatsächliche negative Meinung, die so problematisch ist; es ist die Angst vor dieser Meinung. Wir versuchen, einer negativen Meinung zuvorzukommen, indem wir ständig Hinweise aus unserer Umgebung interpretieren. Wir lesen

Körpersprache, winzige Veränderungen des Gesichtsausdrucks, Wörter, Stille, Handlung und Untätigkeit.

FOPO ist abhängig von interpersonalen Faktoren, aber es ist eine intrapersonale Erfahrung. Es ist ein Gedanke, ein Gefühl oder eine Wahrnehmung, die innerhalb eines Menschen vor sich gehen (intradependent), aber die Erfahrung treibt die Sorgen desjenigen darüber an, wie andere ihn oder seine Handlungen oder Entschlüsse wahrnehmen (interdependent).

FOPO ist ein verborgener Filter für die Entscheidungsfindung und beeinflusst, wie wir denken, sprechen und handeln. Dieser kann Menschen zu Entscheidungen oder Handlungen veranlassen, durch die sie vermeintlich auf erhöhte soziale Akzeptanz treffen oder weniger von anderen kritisiert werden, statt sich aufgrund ihrer eigenen persönlichen Werte oder Vorlieben zu entscheiden.

FOPO ist ein nichtklinisches Muster, um unvorteilhafte Meinungen anderer zu vermeiden. Auch wenn FOPO nicht die Kriterien einer klinischen Diagnose erfüllt, verursacht sie deutliches Unbehagen.

Wie Apps, die in einem Computer still im Hintergrund arbeiten und Speicherplatz, Rechenleistung und Akku verbrauchen und letztlich die Leistung mindern, verbrennt FOPO eine Menge unserer internen Ressourcen. Das Narrativ kontrollieren, die Wahrnehmung anderer managen, unsere eigenen Meinungen unterdrücken, sich zu häufig entschuldigen, anderen zuzustimmen, nur um nicht widerspenstig zu wirken, alles zu tun, um anderen zu gefallen, selbstironischer Humor, um unsere Stärken und positiven Eigenschaften herunterzuspielen, sich verbiegen und verdrehen, wahrgenommene Schwächen übermäßig kompensieren wollen, Bestätigung suchen, erhöhten Puls haben, Muskelverspannungen und Nervosität: FOPO erschöpft uns körperlich.

Die FOPO-Schleife

Stellen Sie sich vor, Sie sprechen allein mit Ihrem Chef oder tragen einem wichtigen Klienten einen Pitch vor oder gehen das erste Mal mit jemandem auf ein Date. Wenn FOPO bei Ihnen richtig zuschlägt – und das ist uns allen schon mal passiert –, sind Sie vermutlich nicht in der Lage, konzentriert zuzuhören und der Unterhaltung zu folgen.

Wieso? Weil FOPO zu einem psychologischen und Verhaltenskreislauf führt, den Bedingungen kategorisieren, die vorher (Antizipation), während (Checking) und nach einer interpersonalen Situation (Reaktion) auftreten. (Siehe Abbildung 2-1)

Die Antizipationsphase

In der Antizipationsphase erleben Personen FOPO, weil sie sich im Kopf mit verschiedenen Szenarien befassen, um einzuschätzen, ob die anderen sie akzeptieren oder ablehnen werden. Sie stellen sich ständig Fragen wie: *Werde ich akzeptiert, wenn …?* oder, *Was werden sie von mir denken, falls …?* Menschen nutzen ihre Vorstellungskraft, um einzuschätzen, wie andere sie wahrnehmen und ob diese sie akzeptieren werden. Sie konzentrieren sich weniger auf die Erfahrung und verstricken sich stattdessen in Gedanken darüber, was die andere Person von Ihnen halten könnte. Bei dieser Interaktion versuchen sie das Problem der Bestätigung oder Ablehnung zu lösen, wobei es nicht mehr um die gemeinsame soziale Erfahrung geht.

Obwohl es natürlich für Menschen ist, von anderen wertgeschätzt und akzeptiert werden zu wollen – die Bestätigung durch unsere Vorgesetzten beeinflusst unsere Karriere –, kann es eine bedeutende Interaktion untergraben, wenn man sich ständig mit den wahrgenommenen Meinungen anderer befasst. Die Konsequenz ist, dass unsere Begeisterung, Neugier und Offenheit gegenüber neuen Ideen erstickt werden.

ABBILDUNG 2-1

FOPO-Phasen

FOPO führt zu einem psychologischen und verhaltensbezogenen Zyklus, der eine Reihe von Bedingungen kategorisiert, die a) vor einem Ereignis, b) während eines Ereignisses und c) nach einem Ereignis auftreten.

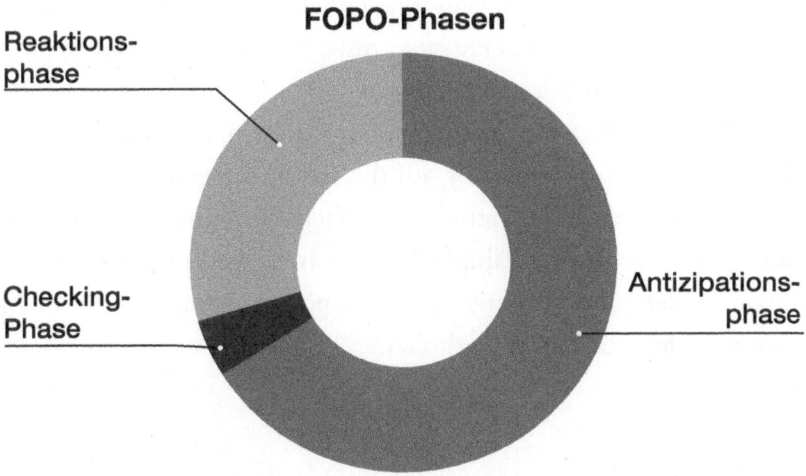

In einem Businessmeeting können wir uns so sehr auf unsere eigene Akzeptanz und Ablehnung konzentrieren, dass wir nicht mehr imstande sind, die potenziellen Vorteile und Nachteile der Ideen einzuschätzen, die präsentiert werden und ob sie zur Ausrichtung des Teams passen.

In einer Liebesbeziehung kann es uns derart beschäftigen, ob unser Partner uns akzeptiert oder ablehnt, dass wir es versäumen, die gemeinsamen Erfahrungen und die Verbindung zu ihm vollumfänglich wertzuschätzen und zu genießen.

Die Meinungen anderer zu verstehen und einzuschätzen, gehört zur sozialen Intelligenz, aber es ist problematisch, wenn die wahrgenommenen Meinungen anderer zum primären Antrieb unserer Gedanken und Handlungen werden.

Statt unsere Fantasie für kreative, produktive oder erfüllende Zwecke zu nutzen, richtet sie sich zu 100 Prozent auf etwas außerhalb unserer Kontrolle.

Was uns diese Aufmerksamkeit in der antizipatorischen Phase von FOPO kostet, ist bedeutend. Um in irgendetwas im Leben großartige Leistungen zu erzielen, müssen wir uns auf den gegenwärtigen Moment fokussieren.

Das für FOPO typische ständige Grübeln zieht die nötigen Ressourcen ab, um uns völlig auf die vor uns liegenden Aufgaben zu konzentrieren (die wichtig für Wachstum und Verbesserung sind), mindert unsere Fähigkeit, neue Informationen und Ideen aufzunehmen und reduziert unsere Energie, wodurch wir mehr Zeit brauchen, um uns zu erholen.

Checking-Phase

Während der Checking-Phase, die zur tatsächlichen Interaktion gehört, suchen Personen unablässig nach externen Anzeichen der Akzeptanz oder Zurückweisung. Zu diesen Hinweisen zählen minimale Veränderungen des Gesichtsausdrucks – sogenannte Mikroexpressionen –, des Tonfalls der Stimme, der Körpersprache und weitere nonverbale Aspekte. Ständig andere so genau unter die Lupe zu nehmen, kann erschöpfend sein und verhindern, dass jemand vollumfänglich an der Interaktion teilnimmt und die Erfahrung genießt.

Mikroexpressionen sind kurze, unbewusste Veränderungen des Gesichtsausdrucks, die uns andeuten können, was eine andere Person uns gegenüber empfindet. Sie lassen sich häufig an Augen, Mund und Stirn ablesen. Die gekräuselte Nase und eine hochgezogene Oberlippe können ein Hinweis auf Abscheu oder Verachtung sein, wohingegen ein dünnes Lächeln Akzeptanz signalisiert.

Der Ton der Stimme kann ein Hinweis darauf sein, wo man gerade in der Beziehung zueinander steht. So kann ein monotoner Stimmfall zum Beispiel auf mangelndes Interesse hinweisen, während ein lebhafter Stimmfall auf Enthusiasmus und einen Wunsch nach Austausch hindeutet. Ein sanfter, beruhigender Tonfall kann Empathie und Mitgefühl signalisieren, während ein harscher und kritischer Ton deutlich anzeigt, dass unser Gegenüber mit uns nicht zufrieden ist. Lautstärke, Geschwindigkeit und Tonfall der Stimme können uns außerdem Einsichten in die Gefühle der anderen Person und ihre Haltung uns gegenüber liefern.

Körpersprache ist wie ein Fenster, durch das wir die unausgesprochenen Ansichten anderer sehen können. Direkter Augenkontakt kann auf Interesse und den Wunsch, sich auszutauschen, hindeuten, während es Unbehagen oder fehlendes Interesse signalisieren kann, wenn jemand wegschaut. Eine offene Haltung – Arme und Beine nicht überkreuzt – deutet darauf hin, dass jemand zugänglich und offen ist, wohingegen überkreuzte Arme und Beine eine Abwehrhaltung darstellen können. Zu nicken signalisiert Zustimmung, und sich nach hinten zu lehnen, deutet mangelndes Interesse an.

Und zu guter Letzt kann es uns einen Hinweis geben, welche Worte jemand wählt, wo wir in seinen Augen stehen. Inkludierende Worte wie »wir« oder »uns« signalisieren Akzeptanz oder zeigen, dass man Teil eines Teams ist, während »sie« oder »ihnen« auf andere abstellt und Exklusion signalisieren kann. Benutzt jemand Ihren Namen, kann das andeuten, dass er Sie wahrnimmt und anerkennt, während es ein Zeichen sein kann, dass er Sie wenig wertschätzt, sollte er Sie »Dave« nennen, während Ihr Name tatsächlich Mike lautet.

Genau wie in der Antizipationsphase kostet es uns viel Aufmerksamkeit, während der Checking-Phase nach Hinweisen zu forschen. Wenn Sie sich übermäßig auf die Mikroexpressionen, Stimme, Körpersprache und Wörter Ihres Gegenübers konzentrieren, um nach Zeichen zu suchen, was derjenige von Ihnen hält, werden Sie höchstwahrscheinlich wichtige Aspekte der Interaktion übersehen, was die Chancen verringert, sich wirklich am Gespräch zu beteiligen und eine Verbindung herzustellen. Die ungesunde Suche nach Hinweisen und Andeutungen kann es außerdem erschweren, all Ihr Wissen, Ihre Skills und Ideen einzubringen. Zudem beschränkt sie Ihre Fähigkeit, effektiv zu kommunizieren. Es ist, als würden Sie sich nicht verkneifen können, einen Autobahnunfall, an dem Sie vorbeifahren, anzuschauen.

Ja, man kann die Unfallstelle sehen und weiterfahren, aber technisch betrachtet, kann man sich nur auf eine Sache auf einmal konzentrieren. Sie betrachten entweder den Unfall oder Sie blicken in die Richtung, in die Sie wollen. Aufmerksamkeit ist ein Nullsummenspiel. Die Zeit, die Sie damit verbringen, etwas zu checken, können Sie nicht mit der tatsächlichen Erfahrung verbringen.

Wir lesen und interpretieren diese Hinweise nicht im Sinne einer exakten Wissenschaft. Bestenfalls ist es eine inexakte Wissenschaft, die auf Launen, frühen Kindheitserlebnissen, laienhaften mentalen Frameworks, kognitiven Verzerrungen und kulturellen Unterschieden beruht. Und wie wir später noch sehen werden, ist unsere Fähigkeit, diese Hinweise zu lesen, nicht besonders ausgeprägt. Wir liegen oft falsch.

Also verschwenden wir eine Menge Zeit und Ressource mit etwas, in dem wir sowieso nicht besonders gut sind.

Die Reaktionsphase

Die letzte Phase besteht darin, wie wir reagieren, nachdem wir die wahrgenommenen Hinweise verarbeitet haben. *Habe ich einen »guten Stand« bei der anderen Person? Fühle ich mich akzeptiert?* Wenn die Antwort »Ja« lautet, endet der FOPO-Zyklus, bis es einen neuen Stimulus gibt. Eine Weile fühlt man sich erleichtert. Lautet die Antwort »Nein« oder »ich bin nicht sicher«, reagiert eine Person mit FOPO auf fünf verschiedene Weisen.

Sie verbiegen sich, um sich anzupassen. Sie opfern den authentischen Ausdruck auf dem Altar der Zustimmung. Sie passen sich einem Bild an, das sozial akzeptabel erscheint, aber seiner Natur nach performativ ist. Die Reaktion steht nicht für Ihr authentisches Selbst. Sich anzupassen, wirkt kurz erleichternd, aber man fühlt sich, als würde man die Verbindung zu anderen verlieren. Weil Sie anderen nicht Ihr wahres Selbst zeigen, spüren Sie nie, anderen wirklich verbunden zu sein, verstanden oder willkommen geheißen zu werden, und so wird man auch nicht zu einem vertrauenswürdigen Mitglied der Gemeinschaft. Indem Sie vorgeben, jemand zu sein, der Sie nicht sind, werden Sie einen konstanten Druck verspüren, die Fassade aufrechtzuerhalten. Das kann Ihr unsicheres Gefühl und die Angst davor verstärken, jemand könne Sie bloßstellen.

Die zweite verbreitete Reaktion besteht darin, sich den wahrgenommenen sozialen Normen anzupassen. Wir bringen unser

Verhalten und unsere Einstellungen auf Linie mit denen des Einzelnen, der Gruppe oder Gesellschaft. Das kann dazu führen, dass wir uns zugehörig und akzeptiert fühlen, aber es beschränkt unsere Fähigkeit, unabhängig zu denken und zu handeln. Wir vermeiden es, unsere Meinung zu sagen, wenn sie der Mehrheit widerspricht. Wir geben vor, einen Film, ein Lied oder eine Aktivität zu mögen oder nicht zu mögen, um den vorherrschenden Ansichten eines Einzelnen oder einer Gruppe zu entsprechen. Wir tragen eine Handlung oder Entscheidung mit, selbst wenn wir persönlich nicht zustimmen. Und wir tun so, als hätten wir die gleichen Überzeugungen und politischen Ansichten. Sich an soziale Normen anzupassen, kann zu Angstzuständen, Depression und anderen mentalen Gesundheitsproblemen führen.

Konfrontation ist die dritte Reaktion. Wir können einen Konflikt initiieren, um zu checken, wie andere reagieren. So können wir einschätzen, ob uns eine Person oder Gruppe akzeptiert oder ablehnt. Viel Aufmerksamkeit zu erhalten, können wir als Indikator sehen, dass wir der/den anderen(n) Person(en) wichtig sind. Wenn wir kritisiert werden, können wir zum Angriff übergehen. Ein konfrontativer Ansatz kann auch subtil sein. Zum Beispiel äußert jemand einen Kommentar, in dem er sich selbst kritisiert und verkündet, nicht beliebt zu sein, und spielt es dann als Witz herunter, wenn er dafür positives Feedback erhält. Auf diese Weise kann man sich mit der Angst vor Ablehnung konfrontieren und die eventuelle Verletzung vermeiden, die entsteht, wenn man ein aufrichtiges Verlangen nach Akzeptanz zeigt.

Sich aus einer Beziehung zurückzuziehen, ist eine weitere Option, auf potenzielle soziale Ablehnung zu reagieren. Wir beenden vielleicht eine Liebesbeziehung, brechen den Kontakt zu

Freunden oder Verwandten ab oder kündigen unseren Job, statt im Zweifel zu leben, ob wir tatsächlich abgelehnt werden oder nicht.

Die letzte und gesündeste Reaktion auf eine potenzielle Ablehnung besteht darin, in uns hineinzuhören und aufgrund unserer eigenen internen Standards zu reagieren.

In diesem Szenario nutzen wir FOPO als einen Anstoß, um unser eigenes Selbst zu erforschen, unsere psychologischen Fähigkeiten zu verbessern und vielleicht sogar ein Buch über FOPO zu lesen. Bei jedem Anzeichen von FOPO sollten Sie sich mehr darauf konzentrieren, wer Sie sein möchten und weniger darauf, wie andere Sie vermeintlich haben wollen.

Auslöser von FOPO

Wenn Sie genauer hinsehen, werden Sie vermutlich verschiedene Aspekte entdecken, die FOPO beschleunigen. Auch wenn wir alle verschieden sind, habe ich festgestellt, dass es zwei verbreitete Faktoren gibt, die FOPO auslösen können (siehe Abbildung 2-2).

Ein schlecht ausgeprägtes Gespür für das eigene Selbst ist einer der häufigsten Faktoren, der zu FOPO führen kann. Wenn es uns an einem deutlichen, fundierten und positiven Selbstverständnis fehlt, dann suchen wir oft außerhalb unserer selbst, um herauszufinden, was genau wir von uns selbst denken.

Wir nehmen an, andere könnten uns besser wahrnehmen als wir uns selbst. Demzufolge schreiben wir der Meinung anderer eine besondere Macht und Glaubwürdigkeit zu. Wir verlassen uns darauf, dass die andere Person uns Zustimmung oder potenzielle Ablehnung signalisiert.

ABBILDUNG 2-2

Auslöser für FOPO

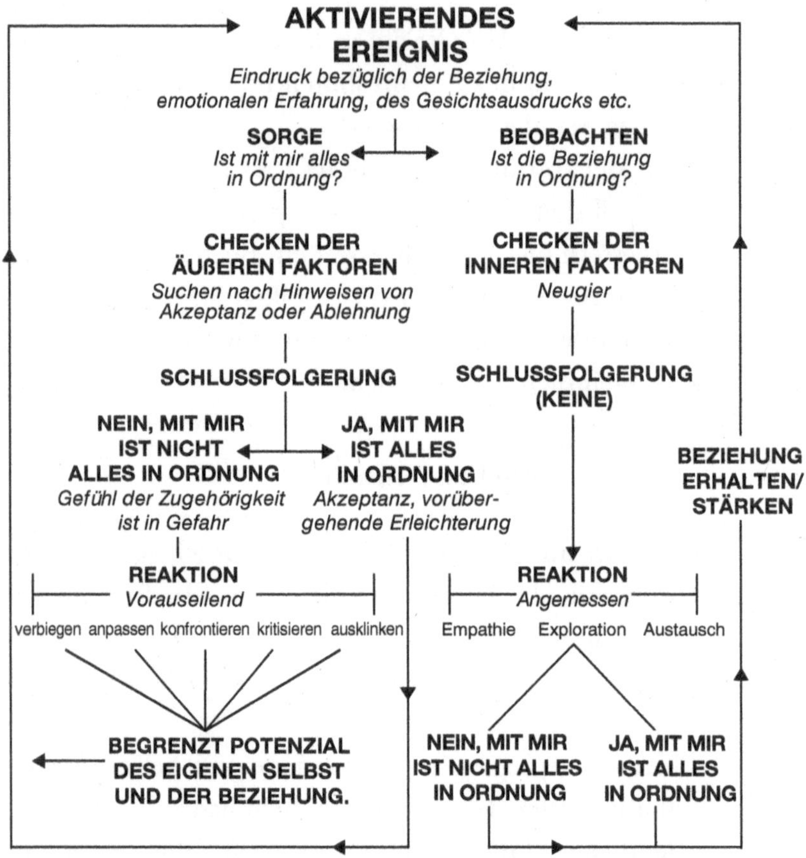

Eine Identität, die nur auf Leistung basiert, ist ebenfalls eine Schnellstraße zu FOPO. Performance basierte Identitäten, über die wir noch in Kapitel 4 sprechen werden, bestehen dann, wenn unsere Leistung unsere Identität definiert. Wir definieren uns selbst danach, wie wir in einer Beziehung zu anderen performen. Wir konditionieren uns darauf, nach außen zu blicken, um zu einer Selbstdefinition zu gelangen. Durch diesen Prozess lernen wir, externes Feedback höher einzuschätzen als unser eigenes internes.

Von der Idee zur Tat

Um Ihre Beziehung zu den drei Phasen der FOPO-Schleife besser zu verstehen, können Sie absichtlich eine unangenehme Situation herbeiführen und Ihre Reaktionen während jeder Phase beobachten. Hier ein einfaches Beispiel:

Beginnen Sie, indem Sie Ihren Kleiderschrank durchsuchen und ein paar Kleidungsstücke auswählen, die nicht zusammenpassen oder völlig unmodern sind. Suchen Sie etwas aus, das Ihnen das Gefühl gibt, unattraktiv zu sein, sich unangenehm anfühlt und uncool ist.

Als Nächstes tragen Sie dieses Outfit zu einer sozialen Aktivität, die Ihr Unbehagen noch verstärkt. Das könnte eine berufliche Veranstaltung sein, eine Zusammenkunft oder sogar eine Einzelaktivität, wie alleine in einem vollen Restaurant essen zu gehen.

Diese Übung beginnt damit, sich anzuziehen. Beobachten Sie Ihren mentalen Zustand und wie Sie sich fühlen, wenn Sie mit einer unangenehmen Situation im sozialen Umfeld rechnen. Achten Sie auf Ihre Gedanken. Wägen Sie intern ab, wieso Sie diese Übung nicht durchführen sollten? Oder sind Sie neugierig auf die Erfahrung und fragen sich, was passieren wird, wenn Sie mit jemandem zusammentreffen? Achten Sie darauf, welche Meinung über sich selbst dabei Ihren inneren Monolog bestimmt. Bleiben Sie weiter aufmerksam, und beobachten Sie Ihr inneres Erleben, ohne es zu beurteilen, bis Sie tatsächlich bei diesem sozialen Event ankommen.

Sobald Sie dort sind, behalten Sie ihren »Checking«-Prozess im Auge und beobachten Sie, wie Sie Ihr eigenes Wohlbefinden einschätzen (wenn Sie dies überhaupt tun). Achten Sie darauf, was Sie fühlen, während Sie gleichzeitig voll anwesend und Teil der sozialen Aktivität sind.

In der dritten Phase Ihres Experiments sollten Sie sich Ihre Reaktionen deutlicher bewusst machen. Meinen Sie, etwas Besonderes tun zu müssen, um Akzeptanz zu erlangen, wie etwa übermäßig viel zu lächeln oder jedem begeistert zuzustimmen? Regt es Sie auf, wenn Ihr Gegenüber Sie weniger zu akzeptieren scheint oder offenbar nicht an einem Gespräch interessiert ist? Oder fühlen Sie sich stattdessen friedlich und frei?

Begrüßen Sie die Chance, bei dieser Übung Spaß zu haben. Gehen Sie spielerisch und mit Entdeckergeist heran. Dadurch können Sie wertvolle Einsichten über sich selbst und über Ihre Beziehung zu FOPO gewinnen.

3

Angstfaktoren

Mut ist nicht die Abwesenheit von Angst, sondern der Triumph über sie. Mutig ist nicht derjenige, der keine Angst hat, sondern der die Angst besiegt hat.

– NELSON MANDELA

Wenn es darum geht, sich mit anderen zu messen, wer hätte Ihrer Meinung nach mehr Stress: ein professioneller Golfspieler (PGA-Star Rickie Fowler) ein erfahrener Clubspieler oder ein völliger Amateur, der an Wochenenden mal mit seinen Kumpels spielt?

Als ich Berater für das High-Performance-Programm von Red Bull war, forschte ich nach einer Antwort auf diese Frage. Zusammen mit Dr. Leslie Sherlin, einer Neurowissenschaftlerin, entwickelte ich einen dreistufigen Stresstest. Wir maßen dabei die neuroelektrische Aktivität und Wärmeentwicklung im Gehirn jedes Golfers während der verschiedenen Stadien des Tests. Wir beobachteten ihre biologischen Daten und stellten ihnen Fragen, um die inneren psychologischen Strategien besser zu verstehen, welche die Golfer während der Tests einsetzten. Während der ersten zwei Stufen dachte jeder Golfer, er sei der einzige Teilnehmer an der Studie.

Stufe eins war ein Test, der nur wenig Druck erzeugte: Wir platzierten 18 Golfbälle auf dem Grün, die zwischen 30 Zentimetern und 5 Metern von der Flagge entfernt waren, damit jeder Golfer sie einlochen konnte. Alle zeigten nur einen leicht erhöhten Herzschlag und gesteigerte Hirnaktivität.[22]

Fowler, der Profispieler, der schon auf der Tour gespielt hatte, lochte wenig überraschend am besten ein, und zwar 15 von den 18 Bällen. Als ich Rickie fragte, wie er abgeschnitten habe, antwortete er: »Ich habe 17 gute Schläge gemacht.« Seine Zählweise schien mir überraschend, also sagte ich: »Aber nur 15 sind reingegangen.« Ohne zu zögern, sagte Rickie: »Richtig, aber so wie ich über Golf denke, versuche ich, meine Aufmerksamkeit auf das zu konzentrieren, was ich kontrollieren kann und nicht auf das Endergebnis. Ich habe bei 17 Schlägen mein Bestes gegeben. Das waren 17 von 18.« Das war ein erhellender Einblick in sein Mindset.

Auf Stufe zwei erhöhten wir den Druck, indem wir zwei große Kameras an den Rand des Grüns stellten und zudem mit zwei Handkameras nur wenige Meter von den Golfern entfernt arbeiteten. Wir erklärten nicht, wofür die Kameras waren oder wer das Publikum sein könnte.

Fowler zeigte zu Beginn einen Anstieg des Herzschlags und der Hirnaktivität, bekam diese Erregung jedoch schnell in den Griff und beruhigte sich wieder, wobei seine Resultate ähnlich wie bei Stufe eins waren. Der Wochenendgolfspieler zeigte gesteigerten Herzschlag und Hirnaktivität und lieferte eine etwas schlechtere Leistung ab als zu dem Zeitpunkt, als wir nur zu zweit auf dem Grün standen. Er beschrieb seine Erfahrung als »Spaß« und »aufregend« und dass er sich »wie ein Profispieler bei einem Wettkampf« fühlte. Seine Leistung kommentierte er nicht negativ.

Der Clubprofi aus dem örtlichen Golfclub machte eine völlig andere Erfahrung. Er war es nicht gewohnt, vor Kameras zu spielen. Sein Puls beschleunigte sich und blieb hoch, während er diese Phase des Tests absolvierte. Seine Ergebnisse verschlechterten sich dramatisch. »Ich konnte mich da draußen überhaupt nicht konzentrieren … hätte ich nur gewusst, dass Sie mich filmen würden … ich habe mich zum Narren gemacht … ich bin ein Profi. Ich sollte besser spielen.«

In der letzten Testphase trafen sich alle Golfspieler zum ersten Mal. Zusätzlich zu den Kameras bauten wir noch mehr Elemente ein, um Druck auszuüben. Wir holten ein Publikum dazu und machten es zu einem Wettbewerb, um Geld für eine örtliche wohltätige Einrichtung zu sammeln.

Die Ergebnisse waren nahezu identisch zu den früheren Phasen. Der Spieler der PGA-Tour nutzte seine mentalen Fertigkeiten, um seinen Herzschlag zu senken, den externen und internen Lärm auszublenden und seine emotionalen und körperlichen Reaktionen zu regulieren. Der Wochenendspieler sah die Erfahrung als reines Vergnügen und war neugierig; das Ergebnis war ihm nicht wirklich wichtig. Der Clubprofi war der Sonderfall. Er lieferte eine schlechte Leistung ab.

Wieso? Er hatte das Erlebnis mit weitaus mehr Bedeutung aufgeladen. Da er sich zu sehr damit identifiziert hatte, »der Experte« zu sein, war seine Identität bedroht. Die Kombination aus Kameras, der Menge und der größeren Expertise des Tourprofispielers verstärkten seine Angst, was die anderen über ihn denken könnten: ihn als schlechten Golfspieler sehen, einen Hochstapler; nicht das, wofür er sich selbst hielt. Und da ihm die Gedankengänge nicht bewusst waren, die diese Kaskade an Botenstoffen auslösten, die ihn zu einer Kampf-oder-Flucht-Reaktion drängten oder ihn erstarren ließen, konnte er nicht neu kalibrieren.

Er war in einen Überlebensmodus versetzt worden. Auf einem Golfplatz. An einem sonnigen, 24 Grad warmen Tag in Hobe Sound, Florida.

Automatische Schutzmechanismen

Um unsere Angst vor der Meinung anderer zu ergründen, brauchen wir ein Rahmenwerk, mit dem wir diese Furcht verstehen.

Angst ist eine adaptive, durch die Evolution ausgebildete Reaktion, die uns vor Gefahr schützen soll. Ihre primäre Funktion ist, wie ein Signal zu wirken, das uns vor Gefahr oder einer Bedrohung warnen und daran angepasste Reaktionen auslösen soll.

In den frühen Tagen der Menschheit benötigte man die Fähigkeit, eine Bedrohung schnell zu identifizieren und einzuschätzen, um zu überleben. Unsere Jäger-Sammler-Vorfahren standen unter Druck, schlauer als die Raubtiere sein zu müssen, sich gegen Invasoren zu verteidigen und gleichzeitig dem Stamm verbunden zu bleiben. Das war entscheidend, um am Leben zu bleiben. Eine erhöhte Wachsamkeit und auf mögliche Fehlschläge vorbereitet zu sein, war für unsere Vorfahren nützlich. Es gab keine negativen Folgen, falls sie zu vorsichtig waren, aber sich zu verschätzen, konnte sie teuer zu stehen kommen. Wenn Sie vor dem sprichwörtlichen im Wald lauernden Tiger flohen, und er stellte sich als ein harmloses Tier heraus, hatten sie nur etwas Zeit verschwendet. Aber wenn sie die Hinweise aus der Umgebung nicht wahrnahmen, konnte es sie ihr Leben kosten.

Das gleiche Prinzip galt auch im sozialen Bereich. Man konnte nichts falsch machen, wenn man sich den Bedürfnissen der Gruppe anpasste. Doch wenn man seinen guten Stand bei den anderen verlor und vom Stamm verstoßen wurde, war das höchstwahrscheinlich ein Todesurteil. Man konnte alleine nicht in der Natur überleben, ein solches Leben war »einsam, arm, schrecklich, brutal und kurz«.[23]

Das Gehirn entwickelte, unterstützt durch die natürliche Auslese, Schaltkreise, die unseren frühen Vorfahren eine gesteigerte Wahrnehmung von Bedrohungen verliehen und dadurch einen Wettbewerbsvorteil im Spiel des Überlebens. Millionen Jahre grub sich das System, Bedrohungen zu erkennen, tief in das Gehirn der Frühmenschen ein.

Reflexe sind nicht nur zum Spaß da

Angst ist eine Emotion mit physiologischen und kognitiven Komponenten.

Der Bedrohungsreflex ist eine unwillkürliche Reihe von Aktionen, die der Körper als Reaktion auf eine wahrgenommene Bedrohung ausführt. Die Stressreaktion im Gehirn wird aktiviert, und eine vorhersagbare Kaskade von neurologischen und physiologischen Ereignissen tritt auf, wenn wir eine Gefahr wahrnehmen.

Wir können uns nicht fürchten, ohne dass dabei auch einige der folgenden Elemente des Stressreflexes auftreten. In dem Moment, in dem wir etwas als wichtig interpretieren, alarmiert die Amygdala, eine mandelförmige Struktur auf beiden Seiten des Gehirns, den Hypothalamus, der unser sympathisches Nervensystem aktiviert. Adrenalin wird ausgestoßen, unser Puls steigt und damit die Durchblutung und es wird massiv Glukose aus der Leber freigesetzt.[24] Die Blutgefäße in unserem Verdauungsapparat ziehen sich zusammen und Blut wird in die Muskeln der Arme und Beine gelenkt, damit sie sich darauf vorbereiten können, dass wir uns verteidigen oder wegspringen.[25] Unsere Verdauung wird unterdrückt. Wir müssen keine Nahrung verdauen, wenn wir bedroht werden. Unser Magen bemerkt den Durchblutungsmangel und den Mangel an Sauerstoff in diesem Körperbereich, was zum häufig beschriebenen Gefühl führt, »Schmetterlinge« im Bauch zu haben.[26]

Das Gehirn erkennt, dass unser Körper hart arbeitet und unser Kühlungssystem wird aktiviert, wodurch sich Schweiß auf der Haut bildet. Die Feuchtigkeit macht unsere Haut schlüpfriger und schwieriger zu packen. Während diese Vasokonstriktion stattfindet und unser Herz heftiger schlägt, atmen wir auch schneller und flacher. Der zunehmende Blutfluss in die Extremitäten sorgt für ein Schweregefühl in den Beinen und Armen, als wäre unser Körper überaktiviert.

Unser Kiefer spannt sich leicht an, während der Körper sich unbewusst darauf vorbereitet, zu beißen, anzugreifen oder sich zu verteidigen.[27] Wir nehmen den unwichtigen Lärm aus der Umwelt nicht mehr wahr, während unsere Aufmerksamkeit sich verengt und wir die ankommenden Sinnesreize selektiver verarbeiten. Zunehmende Muskelspannung schwächt unsere Feinmotorik – etwa die Fingerbewegungen und die Stimmbänder –, um Ressourcen für die größeren Muskeln bereitzuhalten.[28] Deswegen fällt es uns so schwer, zu singen, Klavier zu spielen, Bogen zu schießen oder öffentliche Reden zu halten, wenn wir uns bedroht fühlen.

Wie wir Ängste erlernen

Die Biologie und die Mechanismen der Angst zu begreifen, ist wichtig, um unser Verhältnis zur Angst zu ändern.

Das Angstsystem soll uns schützen. Der Bedrohungsreflex erfolgt nicht nur bei bestimmten Bedrohungen. Er ist als Reaktion generisch. Wir können uns im Grunde vor allem fürchten, wenn der Kreislauf aktiviert wird.

Den Bedrohungsreflex können jederzeit zwei Dinge aktivieren: Erinnerungen oder aktuelle Erfahrungen, also etwas, das in diesem Moment passiert. Das System verankert Erinnerungen an frühere Erfahrungen in uns. Dr. Kerry Ressler, Professor für Psychiatrie an der Harvard University und einer der weltweit führenden Experten für die Neurobiologie der Angst, zufolge können diese Erinnerungen uns schützen oder gefährden.[29] Schützende Erinnerungen bewahren uns davor, uns falsch zu entscheiden oder Fehler zu machen, durch die wir verletzt werden. Künftig meiden wir diese gefährlichen Situationen. Wenn Sie sich daran erinnern, wie Sie in einer sieben Meter hohen Welle in Hawaii schwammen, aus der ein Rettungsschwimmer Sie ziehen musste, bewahrt Sie dies davor, sich erneut in eine solche Situation zu bringen. Aber andere Erinnerungen sind gefährlich, denn sie bestimmen unser Verhalten derart, dass es zu Fehlanpassungen führt.

Die Glocke läuten

Erinnerungen werden durch klassische Konditionierung zu einem Teil unseres Angstsystems, auch bekannt als Pawlowsche Konditionierung.[30] Der russische Wissenschaftler und Nobelpreisgewinner Ivan Pawlow entdeckte während seines berühmten Experiments mit dem Verdauungssystem von Hunden zufällig, dass wir durch Assoziation lernen. Pawlow beobachtete, wie die Hunde zuerst nur dann mehr Speichel absonderten, wenn man ihnen Futter vorsetzte, stellte aber fest, dass ihre physiologischen Reaktionen sich mit der Zeit veränderten. Sie begannen zu sabbern, bevor sie Fressen erhielten. Er entdeckte, dass die Hunde auf die Geräusche reagierten, die normalerweise mit der Fütterung einhergingen – wie das eines sich nähernden Servierwagens – und mehr Speichel produzierten.

Um seine Theorie zu prüfen, experimentierte Pawlow mit einer Glocke, die läutete, kurz bevor die Hunde das Futter erhielten. Zuerst löste die Glocke keine Reaktion bei den Hunden aus, aber mit der Zeit begannen sie, mehr Speichel zu produzieren, wenn sie nur die Glocke hörten.

In der etwas umständlichen Ausdrucksweise der klassischen Konditionierung verwendete Pawlow einen »neutralen Stimulus«, die läutende Glocke, das zuerst keine Reaktion bei den Hunden auslöste. Das Futter war der »unkonditionierte Stimulus«, der zu einer automatischen Reaktion führte, nämlich der Speichelproduktion der Hunde. Der »konditionierte Stimulus« war der originale neutrale Stimulus, das Läuten der Glocke, der nach wiederholter Verbindung mit dem Füttern zur gleichen Reaktion führte.

Klassische Konditionierung, eine Art des unbewussten automatischen Lernens durch Assoziation, ist ein Mechanismus, durch den wir Ängste ausbilden.

Beim Menschen besteht eine Asymmetrie zwischen verinnerlichten positiven und negativen Erfahrungen. Sie bedürfen keiner mehrfachen Kopplung eines konditionierten und unkonditionierten Stimulus, wenn etwas Traumatisches passiert. Anders als Pawlows Hunde, die auf neue Weise reagierten, nachdem man mehrmals das Futter mit der Glocke kombiniert hatte, können sich die menschliche Ängste durch eine einzige intensive Erfahrung bilden. Ein peinlicher Post in den sozialen Medien, eine Rede in der siebten Klasse, bei der Sie vor der gesamten Schule wie erstarrt waren; zu entdecken, dass Ihr Partner Sie betrügt, beinahe zu ertrinken, ein Absturz der Finanzmärkte, auf denen Sie Ihr gesamtes Erspartes investiert hatten – was auch immer der Auslöser sein mag, kann direkt im Moment eine intensive Angst auslösen. Die Angst entsteht durch eine einzige Erfahrung und kann den Rest Ihres Lebens andauern.[31]

Diese Asymmetrie ist vermutlich eine evolutionäre Anpassung.[32] Durch die Geschichte haben Menschen, die schneller auf Bedrohungen reagierten, vermutlich besser überlebt und konnten daher eher ihre Gene weitergeben.

Verinnerlichte Ängste kann man natürlich auch durch mehrere Erfahrungen über eine längere Zeitspanne erwerben. Das Mädchen, das ständig von ihren Altersgenossen in der Schule ausgegrenzt wird. Der Angestellte, der einen emotional missbräuchlichen Vorgesetzten ertragen musste.

Das Angstsystem, das Probleme und Gefahren vorausahnen soll, um unsere Sicherheit zu gewährleisten, ist darauf ausgelegt, zu lernen. Die Erinnerung an die Furcht neigt mit der Zeit dazu, verallgemeinert zu werden.[33] Ständig in der Schule ausgegrenzt zu werden, kann sich zu einer Angst vor Intimität entwickeln. Missbräuchliche Beziehungen am Arbeitsplatz können ein allgemeines Misstrauen gegenüber Autoritätspersonen zur Folge haben.

Es gibt kein Wunderheilmittel

Zu glauben, wir können ein Wunderheilmittel nehmen, das unsere Ängste verschwinden lässt, ist verführerisch, aber falsch. Tatsächlich basiert keine der aktuell gebräuchlichen Behandlungen – wie selektive Serotonin-Wiederaufnahmehemmer (SSRI), Fluoxetin und Sertralin gegen Depressionen oder Betablocker, um den Blutdruck zu senken – auf der Neurobiologie der Angst. Sie können vielleicht Angstsymptome reduzieren, aber sie klinken sich nicht in einen Mechanismus innerhalb des Angstsystems ein.

Es gibt einige psychologische Therapien, die bei einer fehlangepassten Angstreaktion ansetzen, wobei die kognitive Verhaltenstherapie (KVT) und die Akzeptanz- und Commitmenttherapie (ACT) führend sind. Eine spezielle Intervention der KVT, die signifikante Resultate erbracht hat, ist die Expositionstherapie. Zu dieser Behandlung gehört es, dass ein Psychologe eine sichere Umgebung kreiert, in der ein Klient sich der gefürchteten Situation oder einem angstauslösenden Objekt aussetzt, um weniger empfindlich auf die angstauslösenden Bedingungen zu reagieren oder die Angstreaktion ganz zu eliminieren.

Als Sportpsychologe habe ich mit Athleten an genau diesem Problem gearbeitet. Dazu gehörte einer der besten Pitcher im Baseball, der den Cy Young Award gewonnen hat und, den meisten Leuten unbekannt, an lähmender Angst davor litt, von anderen kritisiert und beurteilt zu werden.

Gemeinsam führten wir die sogenannte systematische Desensibilisierung durch – eine Behandlung, die Menschen hilft, mit Phobien umzugehen, indem man sie zunehmend den angstauslösenden Stimuli aussetzt. Der erste Schritt des Prozesses bestand darin, zu verstehen, wie er diese Angst erlebte. Für mich galt es, ein besseres Gespür dafür zu bekommen, wie es sich für ihn anfühlte. Inwiefern identifizierte er sich mit Erfolg und Fehlschlag? Wie zentral war der Baseball für seine Identität? Wurden seine Atmung und Herzschlag schneller? Fühlte er sich unruhig? Hatte er Verdauungsprobleme? Fiel es ihm schwer zu schlafen? War sein Körper angespannt? Oder überwältigten ihn disruptive und einengende Gedankenmuster? Ließ er sich leicht ablenken? War für ihn alles eine Katastrophe? Rasten seine Gedanken? War er unentschlossen? War er vergesslich?

Er litt an einer Mischung aus kognitiven (mentalen) und somatischen (körperlichen) Symptomen. Er »steckte in seinen Gedanken fest«: dachte zu viel über seine Wurftechnik nach, machte sich Sorgen, einen Ball außerhalb der »Strikezone« zu werfen. Und er grübelte sogar über kleine Entscheidungen, wie etwa, was er zu Mittag essen sollte. Seine Angst äußerte sich auch durch Muskelverspannungen, übermäßiges Schwitzen und einen erhöhten Puls. Für einen Pitcher, der einen Baseball festhalten und mit über 150 km/h in eine kleine »Strikezone« werfen muss, sind schwitzige Hände und Muskelverspannungen ein Problem. Sein Gehirn stieß zu viele Stresshormone aus, die es ihm erschwerten, seine Fertigkeiten abzurufen, zudem minderten sie seine Lebensqualität.

Wir erforschten genau, was seine Angstzustände ihn kosteten. Es ist wichtig, zu verstehen, welchen Tribut die Angst im Leben fordert. Wenn ich über diese Kosten spreche, wird deutlicher, inwieweit ein Klient sich tatsächlich verändern will, indem er die nötige Arbeit leistet. Er muss sich dieser Aufgabe verschreiben, denn die damit verbundene Mühe ist nicht leicht.

Ich sagte dem Pitcher: »Ich kann Ihnen eine Struktur geben, die Sie für diese Arbeit brauchen, aber Sie müssen selbst arbeiten. Wenn Sie sich dazu entschließen, können Sie ihre Angst auslöschen.« Ich ermutigte ihn: »Sie besitzen die nötigen internen Skills, um Ihre Beziehung zum Baseball und zu anderen Bereichen Ihres Lebens zu verändern. Statt jeden Gang zum Schlagmal wie einen Gerichtsprozess über sich selbst zu sehen, können Sie die Erfahrung wieder als Spiel sehen und frei werden.«

Sein Gesicht hellte sich sofort voller Hoffnung auf. Die Augenbrauen gingen nach oben. Seine Mundwinkel ebenso. Er atmete tief durch und langsam wieder aus. »Ehrlich? Das kann ich wirklich schaffen? Diese Angst ist so schrecklich.«

Ich lächelte, nickte und bat ihn, mir davon zu erzählen, wenn er »in Topform« am Schlagmal stehe.

Er berichtete von seinen Anfängen im Profibaseball. »Ich erinnere mich daran, dass ich mir das Spielfeld wie eine Leinwand vorstellte. Das mag sich seltsam anhören, aber die Erfahrung hatte etwas Künstlerisches. Wenn ich die weißen Linien überquerte, fühlte ich mich, als betrete ich einen Ort, an dem ich mich selbst ausdrücken konnte. Ich vertraute meinen Fertigkeiten völlig. Es gab keinen Hintergrundlärm. Ich fühlte mich meinen Teamkameraden verbunden. Ich war ein Teamführer, aber mehr durch meine Handlungen als durch meine Stimme. Damals liebte ich den Baseball.«

Ich wechselte das Thema. »Wollen Sie später mal Kinder haben?«

»Jup«, entgegnete er.

»Okay, stellen wir uns mal vor, Sie haben einen 14-jährigen Jungen, der Ihnen erzählt, dass er ›schwere Zeiten durchmacht‹ und fragt: ›Hast du dich schon mal überwältigt gefühlt, so, als würdest du es nicht schaffen? Wenn ein Teil von dir einfach aufgeben will, weil es so erdrückend ist und ein anderer Teil von dir weiß, dass du zu früh aufgeben würdest, weil es noch so viel auszukosten gibt?‹«

Er nickte.

»Können Sie sich vorstellen, wie Ihr Sohn Ihnen in die Augen blickt und nach Hilfe sucht?«

»Ja«, sagte er, und ihm kamen die Tränen. »Ich hatte eine solche Riesenangst, nachdem ich den Cy Young Award gewonnen hatte. Zu Hause war ich ein Häufchen Elend, wenn ich zum Clubhaus fuhr oder auf der Bank saß. Überall. Ich stand in der Mitte eines Stadions mit 50 000 Leuten und wollte mich nur verstecken.«

»Was wollen Sie Ihrem Sohn über diesen Moment in Ihrem Leben sagen? Es gibt keine richtige oder falsche Antwort. Es ist Ihr Leben, Ihr Abenteuer, Ihr Scheideweg.«

Er lehnte sich im Sessel zurück, sammelte sich und ging schweigend die Optionen durch. Er sah mir in die Augen und sagte: »Ich weiß einfach nicht, ob ich das durchstehen kann. Ich weiß, was ich sagen will. Ich will sagen: ›Ja, ich habe an mir gearbeitet. Ich habe mich meinen Ängsten gestellt und die Freiheit für mein weiteres Leben gefunden.‹ Aber tatsächlich weiß ich nicht, ob ich wirklich glaube, es schaffen zu können.«

Er verstummte. Wir saßen uns eine Weile schweigend gegenüber.

Schließlich meinte er: »Ja, ich bin dabei. Es gibt keine andere Wahl. Ich muss das tun.«

Da wir uns nun also geeinigt hatten, erstellten wir eine Hierarchie der angstauslösenden Trigger, vom schwächsten bis zum stärksten. Ich ließ ihn auf einer Skala von 1 bis 100 das Ausmaß der empfundenen Angst bestimmen. Für Stufe 1 (die kleinste Angstreaktion) schrieb er auf: »Ins Auto steigen, um zum Training zu fahren«. Die Umkleide zu betreten und seinen Namen auf der Spielaufstellung für das nächste Match zu sehen, war eine 75. Zum Aufwärmen vor dem Spiel das Spielfeld zu betreten, war eine 85. Von der Bank zum Schlagmal zu joggen, war eine 90. Vom Stadionsprecher als erster Schlagmann in einem Spiel nach der Hauptspielsaison angekündigt zu werden, schob den Pegel bis auf 100.

Dann redeten wir über die psychologischen Fertigkeiten, mit denen er seine Ängste überwinden konnte. Wir begannen damit, das Zusammenwirken von Psychologie und Physiologie zu entzaubern. Wir besprachen, wieso sein Körper auf bestimmte Weise reagierte (zum Schutz und als Überlebensmechanismus). Am Ende dieses Exkurses verstand er, wie sein Geist und Körper zusammenarbeiteten und dass diese Reaktionen zuerst einmal ganz normal sind. Gleichzeitig erkannte er, dass eine chronische Angstreaktion in seinem Beruf eine völlige Fehlanpassung darstellte.

Wir machten mit konkreteren psychologischen Übungen weiter, wie Atemtechniken, mentale Bilder, Optimismus, Selbstgespräche und Strategien zur kognitiven Restrukturierung. Das Prinzip, das zu meistern, was wir selbst kontrollieren können, ist zentral für diese Arbeit. Also entwarfen wir einen Plan, der sich auf diese Elemente konzentrierte. Wir entwickelten einen optimierten Prozess für Selbstgespräche. Wir stellten Entspannungsstrategien auf, darunter Atemtechniken, um das sympathische Nervensystem herunter zu regulieren (den Mechanismus, der uns als Reaktion auf akute Stressfaktoren kämpfen, fliehen oder erstarren lässt). Wir verbesserten seine Fähigkeit, mentale Bilder zu erschaffen, um sie so lebensnah wie möglich zu gestalten. Das Ziel lautete, eine möglichst reale Vorstellung zu erschaffen und dabei idealerweise alle fünf Sinne zu involvieren.

Wir planten auch Aktivitäten ein, mit denen er sich absichtlich »selbst stressen« konnte, um diese steuerbaren Skills einzuüben.

Nachdem er diese psychologischen Fähigkeiten eine Woche lang eingeübt hatte, war er bereit für das systematische Desensibilisierungstraining. Bevor wir damit begannen, einigten wir uns auf eine Art »Vertrag«.

> Ich verstehe und stimme zu, dass ich mich absichtlich einer meiner Ängste stellen werde. Ich verstehe, dass der Ablauf derart gestaltet ist, dass ich mehrere Stufen dieser

> Furcht erfahren werde, eine nach der anderen. Ich verpflichte mich, meine mentalen Fähigkeiten einzusetzen, um an meiner Angstreaktion zu arbeiten, und ich verpflichte mich, egal, wie lange es dauert, die Übung nicht abzubrechen, während ich eine Angstreaktion erlebe. Ich verstehe, dass meine Angst dadurch wahrscheinlich stärker wird. Ich verpflichte mich, an jedem Stadium meiner Angst zu arbeiten, bis ich meine Angstreaktion durch einen Entspannungszustand ersetzen kann.

Der Vertrag verlangte von ihm, sich diesem Übergangsritual ganz und gar zu widmen, sodass er sich die anvisierte Freiheit verdienen konnte.

Wir stimmten überein, dass wir einen akzeptablen Entspannungszustand erreichen wollten, der eine 2 von 10 wäre (wobei 10 eine akute Panik und 1 ein Zustand gelangweilter Entspannung wäre).

Also machten wir uns an die Arbeit.

Wir holten das Blatt Papier heraus, auf dem er die Stufen seiner Angst notiert hatte. Er befestigte den Brustgurt, der den Herzschlag maß (damit wir auch einige objektive Daten hatten), und ich fragte: »Sind Sie bereit?« Er grinste, holte tief Luft und sagte: »Doc, Sie haben keinen Schimmer, wie bereit ich bin, das endlich hinter mir zu lassen.«

Wir richteten uns beide etwas auf. Er schloss die Augen, wie um mir zu zeigen, dass wir Ernst machen sollten.

Ich ließ ihn Stufe 1 seiner Angst durchleben, indem er seine Fantasie nutzte, um sich vorzustellen, wie es war, ins Auto zu steigen, um zum Stadion zu fahren. Nach weniger als 20 Sekunden beschleunigte sich seine Atmung, und sein Herzschlag folgte. Seine Haut erwärmte sich. In Gedanken fühlte er sich genau so, als wäre er unterwegs zum Stadion.

»Auf einer Skala von 1 bis 10, wie aufgeregt fühlen Sie sich?«

Er erwiderte: »6.«

»Prima. Nutzen Sie Ihre psychologischen Skills, fangen Sie an. Lassen Sie mich wissen, sobald Sie entspannt genug sind, sodass Sie meinen, Sie hätten diese Stufe gemeistert. Atmen Sie. Lächeln Sie – Sie schaffen es.«

Er holte ein paar Mal tief Luft. Seine Augenwinkel und Mundwinkel bewegten sich nach oben. Er war auf bestem Wege.

Einige Augenblicke vergingen und er sagte: »Es geht mir gut. Ich bin völlig entspannt.«

Sein Herzschlag war nahe des Ruhepulses. Ich nutze das als Ausgangslinie für einen »Erfolg« in jeder Phase der Angstreaktion.

Um sich systematisch zu desensibilisieren, muss man den am wenigsten angsteinflößenden Stimulus mehrfach mit der Entspannungstechnik kombinieren, bis die Angstreaktion sich abschwächt. Der Prozess basiert auf einem Prinzip namens »reziproke Hemmung«, der voraussetzt, dass man zur selben Zeit ängstlich und entspannt sein kann. Die anpassungsfähige Reaktion ersetzt die fehlangepasste Reaktion. Konditionierte Auswirkungen der Angst werden gehemmt, indem man sich absichtlich entspannt.

Die Intervention widmet sich dann einem Stimulus nach dem anderen. Das Ziel besteht darin, sich schrittweise gegenüber den Stressauslösern zu desensibilisieren.

Sobald mein Klient jede Stufe mithilfe seiner Vorstellungskraft in den Griff bekommen hatte (der technische Begriff ist In-vitro-Training), skizzierten wir für ihn, wie er dieselbe Struktur, dieselben Skills und Bedingungen nun im echten Leben (In-vivo-Training) anwenden konnte. In dieser Phase würde er sich direkt der angstauslösenden Situation aussetzen, um die Furcht durch direkte Erfahrung zu reduzieren. In-vivo-Training zielt darauf ab, den Betreffenden für angstauslösende Stimuli zu desensibilisieren, indem er sich schrittweise und in sicherer Umgebung dem aussetzt, was er fürchtet. Diese Konfrontationstherapie hilft Personen, ihre Ängste zu überwinden, Mechanismen für den Umgang damit zu entwickeln und ein Gefühl der Kontrolle und des Selbstvertrauens angesichts der furchtauslösenden Situation wiederzugewinnen.

Er absolvierte dieses Training im echten Leben mit fliegenden Fahnen.

Im Allgemeinen kennen Topsportler sich mit unangenehmen Situationen aus. Sie wissen, dass sie ihre Komfortzone verlassen müssen, um zu lernen und sich zu verbessern. Sie fühlen sich oft in ungewohnten und herausfordernden Situationen wohl, sind risikofreudig und suchen nach neuen Erfahrungen. Trotz seiner lähmenden Angst war mein Klient in der Lage, einige seiner Hochleistungsfähigkeiten für den Sport auch für die Herausforderungen des In-vivo-Trainings zu nutzen. Seinem Rahmenwerk zufolge wusste er: Wenn er die schwierigen Übungen lang genug aushalten konnte, obwohl sie anstrengend und erschöpfend waren, konnte er auch ein neues mentales Modell aufstellen. Genau das tat er. Sich direkt dem Stimulus auszusetzen, desensibilisierte ihn gegen die Angst, die ihn so lang zurückgehalten hatte. Er überwand die Angst.

Er konnte es kaum fassen. Er hatte sich seiner Furcht gestellt, ihr ins Angesicht geblickt und die Beziehung zu seinem geliebten Spiel verändert.

Einige Tage später stand er als Pitcher im Line-up. Als der Stadionsprecher seinen Namen aufrief, richtete sich die Kamera auf ihn, während er die tiefergelegte Spielerbank verließ. Statt seinen

»langen Marsch« anzutreten – früher war das für ihn der gefürchtete Gang von der Bank zum Schlagmal gewesen –, joggte er locker mit einem Grinsen auf dem Gesicht aufs Spielfeld. Er war so frei und unbeschwert wie ein Zehnjähriger, der in einem Little-League-Spiel antritt. Er zog sogar die Mütze vor der Menge.

Er hatte sich selbst von der sozialen Angst befreit, die fast seine Karriere beendet hätte.

Von der Idee zur Tat

Die Angst davor, von anderen beurteilt zu werden, erfasst man schon seit Jahrzehnten auch quantitativ. Ronald Friend und David Watson entwickelten die *Fear of Negative Evaluation Scale* (FNE) im Jahr 1969, einen Fragebogen mit 30 Fragen, den man selbst auswertete und der den Stand der sozialen Angst einschätzte.[34]

Wir haben ein Bewertungssystem entwickelt, um die Angst vor der Meinung anderer zu messen. FOPO ist – anders als eine Sozialphobie – keine klinische Störung. Dieser Test soll nicht feststellen, ob man an einer Sozialphobie oder anderen psychologischen Störung leidet. Wenn Sie sich Sorgen machen, Sie könnten Symptome einer sozialen Angststörung zeigen, die Ihr Alltagsleben beeinflussen, lassen Sie sich von einem Arzt oder Therapeuten beraten, um herauszufinden, ob Sie die Kriterien für die Diagnose einer sozialen Angststörung aufweisen.

Wenn Sie eine solche Einschätzung kostenlos erhalten möchten, besuchen Sie bitte: www.findingmastery.com/thefirstrule [auf Englisch]

4

Identität: Eine Brutstätte für FOPO

Die Welt wird dich fragen, wer du bist, und wenn du es nicht weißt, dann wird die Welt es dir erzählen.

– CARL JUNG

Das erste Spiel im Finale der NBA-Meisterschaft 1997. Letztes Viertel. 9,2 Sekunden auf der Uhr.

Karl Malone, der ›Most Valuable Player‹ der Liga, tritt für zwei Freiwürfe an die Linie. Für seine Mannschaft, die Utah Jazz, das beste Team im Westen der Vereinigten Staaten, steht es unentschieden gegen die Chicago Bulls mit Michael Jordan, die ihre zweite Meisterschaft in Folge anstreben – und ihre fünfte in sieben Spielsaisons – sowie ihren verdienten Platz unter den größten Dynastien in der Geschichte dieses Sports.

Der Stand: 82:82.

Das Spiel liegt in Malones Händen. Er ist elfmal zum All-Star-Spieler gewählt worden und ein sicherer Kandidat für die Hall of Fame. Er wird später den Rekord für die meisten erzielten Freiwürfe halten, mit einer Karriere-Erfolgsrate von 74 Prozent. Wenn er nur einen der zwei Freiwürfe trifft, werden die Jazz in Führung gehen und, abgesehen von einer magischen Einlage von Michael Jordan, das Spiel gewinnen und den unbesiegbaren Bulls den Heimvorteil streitig machen.

Es ist ein Augenblick, von dem Spieler als Kinder träumen. Die NBA Finals. Das Rampenlicht. Die Menge. Das ist es, worauf man mit dem Training, den Flügen, den Opfern und den Eisbädern hinarbeitet – eine Meisterschaft zu gewinnen.

Die Menge in Chicago rastet aus. »Als Karl an die Linie trat, herrschte ohrenbetäubender Lärm im Stadion«, erinnerte sich Brad Rock, ein ehemaliger Sportkolumnist bei der Tageszeitung *Deseret News.*[35] »Meine Ohren klingelten noch tagelang.« Die Fans standen auf den Rängen, brüllten und wedelten mit weißen »Wiggle Sticks«. Aber Malone ist Profi, bekannt als der Postbote, der immer liefert – genau wie der US-amerikanische Postal Service.

Während Malone sich zum Wurf bereit macht, läuft Scottie Pippen, Power Forward der Bulls – der ruhige Flügelmann seines großmäuligen Teamkameraden Michael Jordan – an Malone vorbei, um sich zum Blocken aufzustellen und sagt zu dem Mann, der sich als der zweitbeste Punktmacher in der Geschichte der NBA zur Ruhe setzen sollte: »Hey Karl, der Postbote kommt am Sonntag nicht.«

Der perfekte Spruch – kurz und prägnant.

Malone macht sich wie immer bereit zum Freiwurf. Er dribbelt mit dem Blick zum Boden, lässt den Ball zweimal in der Luft rotieren, geht in die Knie, wippt vor und zurück, wobei er den Namen seiner Frau und seiner Tochter ausspricht – und wirft.

Schepper.

Vorbei.

82:82.

Die Menge tobt. Malone weicht ein wenig von der Freiwurflinie zurück, um sich zu sammeln. Frustration und Enttäuschung stehen ihm ins Gesicht geschrieben.

Er tritt wieder an die Linie. Die Menge ist so laut, dass man den Kommentator der NBC, Marv Albert, gar nicht hören kann. Malone durchläuft dieselbe Abfolge vor dem Wurf wie zuvor. Dribbeln, Ball drehen, in die Knie, wippen … werfen.

Rein und raus.

Vorbei.

82:82.

Keiner kann es fassen. Malone, einer der größten Spieler aller Zeiten, hat beide Würfe vermasselt.

Das Momentum verlagert sich. Nach einem Time-out für eine Werbepause und mit immer noch neun Sekunden auf der Uhr, schnappt sich Michael Jordan den Ball nach dem Einwurf, umspielt Bryon Russell, den Small Forward der Jazz, und versenkt den spielentscheidenden Ball im letzten Moment.

Der Rest ist Geschichte. Die Bulls gewinnen die Serie in fünf Spielen – und Scottie Pippens Spruch wird zum Teil der NBA-Legenden.

Keiner weiß, ob Pippens Bemerkung der Grund für die verpassten Freiwürfe von Malone war. Vielleicht war Malone einfach nur erschöpft, nachdem er sich einen Zweikampf mit Dennis Rodman geliefert hatte. Vielleicht setzten ihm der Druck und der Lärm zu. Oder, wie manche spekuliert haben, vielleicht hatte eine Verbrennung an seiner Hand, die er sich bei einem Sturz zugezogen hatte, als er im Finale der Western Conference gespielt hatte, seine Würfe beeinflusst. Oder vielleicht hat er eben einfach daneben geworfen.

Das kann man unmöglich sagen. Wir werden es niemals wissen, denn Malone folgte einem Kriegerkodex: Er suchte nie nach Ausreden.

Aber die Geschichte fasziniert die NBA-Fans aus einem bestimmten Grund. Malone war ein Eliteathlet, auf dem Höhepunkt seiner Karriere – ein Goliath unter Davids –, der in einem Moment, in dem er auf der größten Bühne seines Sports unter großem Druck stand, nicht liefern konnte. Es war dramatisch und niederschmetternd. Und das umso mehr, weil Malone, ein kräftiger Mann von 113 Kilo, sich von sechs kleinen Worten aus dem Gleichgewicht bringen ließ.

»Der Postbote kommt am Sonntag nicht.«

Auch wenn die meisten von uns nicht in einer lauten Umgebung arbeiten, die so packend und stressig wie ein NBA-Endspiel ist, hat uns alle schon ein Elternteil, Chef, Lehrer, Trainer oder Kollege aus dem Gleichgewicht gebracht – Menschen, die unsere emotionale Rüstung durchbrachen, uns bloßstellten und verletzlich zurückließen.

Dabei drängt sich die Frage auf, wieso wir so verletzlich sind, wenn andere uns gezielt die Meinung sagen? Was versteckt sich hinter dem emotionalen Panzer?

Was ist Identität?

Wie wir es beim Golf-Clubprofi gesehen haben, ist Identität ein fruchtbarer Nährboden für FOPO. Je nachdem, wie unsere Identität beschaffen ist, kann sie uns verletzlich für die Fallstricke und Pfeile machen, die durch die Meinungen anderer gegen uns gerichtet werden. Wenn wir uns selbst eine Identität aufgebaut haben, die nicht wirklich dem entspricht, wer wir sind, oder eine

Identität, die zu eng gefasst ist, um unser Selbst vollständig abzudecken, oder eine Identität, die weder neue Informationen verarbeiten noch wachsen kann, dann kann die Meinung anderer sich wie ein Angriff anfühlen, bei dem unser Überleben auf dem Spiel steht.

Wenn ich der Postbote bin, der immer liefert, was passiert, wenn ich nicht liefere? Wer bin ich dann?

Identität ist unser subjektives Gefühl eines Selbst, das auf unseren Erfahrungen, Glaubenssätzen, Werten, Erinnerungen und unserer Kultur aufgebaut ist. Es ist eine Reihe körperlicher und psychologischer Merkmale, die wir mit niemand anderem gemeinsam haben. Oft in Beziehungen oder im Vergleich mit anderen entwickelt, bietet die Identität den Rahmen, um unseren Platz in einer komplizierten sozialen Welt besser zu verstehen.[36]

Wir besitzen den natürlichen Impuls, uns selbst in Beziehung zur Welt um uns herum zu definieren, um anderen eindeutig zu zeigen, wie sie über uns denken sollen. Wir konstruieren Identitäten, weil sie uns helfen, unseren Platz in einer komplexen sozialen Welt besser zu verstehen und unsere subjektive Unsicherheit zu reduzieren.[37] Identität gibt uns etwas, an dem wir uns festhalten können, während wir uns im freien Fall befinden. Aber die Sicherheit, die damit verbunden ist, sagen zu können: »So bin ich«, fordert einen hohen Preis, wenn wir nicht wirklich verstehen, wer wir sind, oder wenn diese Zuschreibung von außen kommt.

Quellen der Identität

Identität stützt sich auf viele Aspekte unserer selbst – Ethnie, Geschlecht, Sexualität, Beziehungen, Familie, Beruf, Interessen, Nationalität, Glaube, religiöse Praxis und Gruppenzugehörigkeit –, aber diese Aspekte können Identität weder allein bestimmen noch können sie allein die Rollen definieren, die innerhalb dieser breiteren Kategorien existieren: Priester, CEO, Mutter, Pilot, Schriftsteller, Student, Athlet, Unternehmer. Sie werden bestimmt durch das, was wir sind, nicht dadurch, wer wir sind, auch wenn sie ein Bestandteil unserer Identität sind.

Wie es Tyler Durden so unverblümt in *Fight Club* ausdrückt: »Du bist nicht dein Job. Du bist nicht dein Geld auf der Bank. Du bist nicht das Auto, das du fährst. Du bist nicht der Inhalt deines Geldbeutels. Du bist nicht deine beschissene Anzughose.«[38] Du bist einfach du.

Identität kann sich mit der Zeit wandeln, basierend auf dem Wissen, das wir über uns selbst durch Erfahrung erlangen und wie wir dieses in unserem Leben anwenden. In Lewis Carrolls klassischem Roman *Alice im Wunderland*, folgt die junge Protagonistin einem Kaninchenbau in eine fantastische Welt voller anthropomorpher Gestalten. Sie trifft auf eine Raupe, die fragt: »Wer bist du?« Alice antwortet: »Ich … ich weiß es gerade gar nicht genau, Sir – wenigstens weiß ich, wer ich WAR, als ich heute Morgen aufgestanden bin, aber ich glaube, ich muss mich seitdem schon mehrere Male geändert haben.«[39]

Eingebettet in die Identität ist die Vorstellung, dass es trotz körperlicher und interner Veränderungen eine Kontinuität dazwischen gibt, wer jemand vor zehn Jahren, zehn Tagen und heute war.[40] Sehen Sie sich Jorge Mario Bergoglio an. In jungen Jahren arbeitete er als Rausschmeißer in einer Bar und als Teilzeittechniker, der für Rohmaterialien in einem Chemielabor in Buenos Aires verantwortlich war. Heute wohnt er in Rom und leitet eine Organisation mit 1,345 Milliarden Followern. 2013 von einem Kolleg von Kardinälen zum Kopf der katholischen Kirche gewählt, ist Bergoglio heute Papst Franziskus, ein Name, den er zu Ehren des Heiligen Franz von Assisi gewählt hat.

Bergoglio hat sich eindeutig verändert. Er ist nicht mehr dieselbe Person, die er vor Jahrzehnten in Argentinien war. Was macht also Mario Bergoglio zu Papst Franziskus? Was verbindet unser vergangenes Selbst mit unserem gegenwärtigen und zukünftigen? Was ist die essenzielle Eigenschaft, die unser »Ich« ausmacht?

Wenn man es auf die grundlegende Essenz eindampft, bezieht sich Identität darauf, wie Menschen die Frage »Wer bin ich?« beantworten.

Damals in der guten alten Zeit

In früheren Zeiten war Identität keine so große Sache. Als Gesellschaften noch stabiler waren, wurde Identität zu großen Teilen zugewiesen und angenommen. Da man in kleineren Gemeinschaften lebte, wo jeder an seinem Ort blieb, wusste man, wer jemand war. Ein Teil der Identität wurde oft zum Bestandteil des Namens.

In England verbreiteten sich Nachnamen in großem Stil nach der normannischen Eroberung 1066. Als die Bevölkerung wuchs, mussten die Menschen spezifischer über jemanden sprechen, also wurde ein Nachname hinzugefügt. Laut den Steuerlisten von Richard II. hatten im Jahr 1381 die meisten englischen Familien einen vererbbaren Nachnamen angenommen.[41]

Eine Gruppe von britischen Forschern hat eine sechsjährige Studie durchgeführt, die den Ursprüngen eines jeden Nachnamens auf den Grund ging, den mindestens 100 Menschen im Vereinigten Königreich in der Volkszählung von 2011 trugen. Die meisten Namen fielen in eine von vier Kategorien. Die verbreitetsten, ortsbezogenen Namen beschrieben, wo jemand wohnt. Die Underhills fand man am Fuß eines Hügels. Ford an einer Furt durch einen Fluss. Und die Atwaters lebten nahe am See. Die zweitgrößte Gruppe beschrieb den Beruf. Smith, der am meisten verbreitete englische Name, arbeitete mit Metall. Baker war wenig überraschend der Berufsname für jemanden, der backt. Die Archers waren oft professionelle Bogenschützen. Patronyme Nachnamen basierten normalerweise auf dem Vornamen des Vaters und ließen andere wissen, wer der Vater der Person war. John Davidson war der Sohn von David. Die letzte Kategorie waren englische Nachnamen, die sich von Spitznamen ableiteten. Longfellow war der lange Typ am Ende der Bar. Lilywhite kam nicht viel in die Sonne. Die Familie Merriman war im Allgemeinen gut gelaunt.

In unserer modernen Welt haben sich viele der traditionell sozialen Quellen von Identität abgeschwächt.[42] Die Globalisierung hat unsere gemeinsame Nationalgeschichte und Identifikation mit dem Land untergraben.[43] Wir sind mobiler und bleiben weitaus seltener in den Gemeinden, in denen wir bekannt waren. Immer mehr Menschen identifizieren sich nicht mehr mit einer religiösen Gruppe.[44]

Da die traditionellen Quellen von Identität heute weniger bei der Beantwortung der Frage »Wer bin ich?« helfen, greift man zu Alternativen. Die moderne Welt hat zum Aufstieg einer neuen Form der Selbstidentifikation geführt.

Durch Leistung definieren, wer wir sind

Wir leben in einer Leistungskultur. Diese Besessenheit davon, wie wir performen, hat sich in der Arbeit, der Schule, im Jugendsport und sogar den sozialen Medien verbreitet. Die Qualität unserer Leistung beeinflusst, wie andere Menschen uns definieren, aber vor allem auch, wie wir uns selbst definieren.

Die menschliche Leistung steht im Zentrum eines Paradigmenwechsels in der Geschäftswelt. Unternehmen gehen immer weiter vom Top-down-Modell, das die Produktivität steigerte, indem es mehr aus den Angestellten herausholte, hin zu einem Leistungsmodell, welches das menschliche Potenzial am Arbeitsplatz entfalten will. Diese Verschiebung treiben viele Kräfte an, die gemeinsam ihre Wirkung entfalten. Die wichtigste darunter ist, dass Unternehmen angesichts einer sich schnell wandelnden, unvorhersagbaren Wirtschaftswelt innovativ, schnell und agil sein müssen. Die zentrale Frage, die Führungspersonen sich stellen, lautet: »Wie erschaffen wir die internen und externen Bedingungen, die Menschen brauchen, um ihre besten Leistungen zu erbringen?«

Die Technologie hat sich ebenfalls in diese Leistungsparty eingemischt. Angetrieben von dem Spruch »Man kann nicht verbessern, was man nicht messen kann« haben wir heute Performance-Kennzahlen für nahezu alles, was wir tun. Digitale Geräte und Apps messen die Substrate der menschlichen Leistung. Die Stunden, die man geschlafen hat; die Kalorien, die man verzehrt hat; die Zeit, die man gemanagt hat; den Workflow, die Produktivität, das Engagement, das Wohlergehen, Impressions, Follower, Likes, Kommentare, soziale Reichweite, potenzielle Reichweite, Click-Through-Raten, Atemzüge; Momente, in denen man die Luft angehalten hat.

Leistung ist der zentrale Treiber einer wachsenden Jugendsportindustrie, die zunehmend einem Profisportmodell folgt. Privattrainer, beinhartes Training und extrem frühe Spezialisierung sind zur Norm geworden, während Eltern ihre Kinder drängen, früh auf das im Allgemeinen fehlverstandene Konzept aufzuspringen, dass 10 000 Stunden zielgerichteter Übung einem den Weg zu wahrer Größe öffnen oder wenigstens zu einem Stipendium fürs College.[45]

Die Besessenheit von Leistung spiegelt die moderne Populärkultur wider. Podcasts leiten uns zur wahren Meisterschaft an. Bücher entschlüsseln unseren Code zum Ruhm, sammeln die Weisheiten der Überflieger und enthüllen die Tools der Titanen. Große Beraterfirmen versprechen, »Mitarbeiter und Unternehmen mit allem Nötigen auszustatten, um anhaltend Performance zu erzielen«. Prominente Coaches bieten Onlinekurse, in denen sie von ihrer Reise, ihrem Mindset und ihren Einsichten erzählen. Top-Ten-Listen zeigen uns die Abkürzungen und Hacks, um den Gipfel der High-Performance zu erklimmen, auch wenn es diese in Wahrheit gar nicht gibt.

Unsere Kultur zelebriert wie besessen die individuelle Exzellenz und die Performer, die sich in bestimmten Aktivitäten und Künsten besonders hervortun. Früher brauchten wir generalisierte Fertigkeiten, um zu überleben – jagen, sammeln, Nahrung anbauen, Behausungen errichten, sich um die Familie kümmern –, aber das hat sich geändert. Der Aufstieg der Technologie hat die Schleusen der Spezialisierung geöffnet. Jeder kann sich nun auf diese eine Sache konzentrieren. Der Experte für soziale Medien. Der Börsenguru. Der Influencer. Die Super-Nanny.

Den eigenen Selbstwert auf Leistung gründen

Statt uns selbst mit dem zu identifizieren, was wir tun (berufliche Identität) oder wo wir es tun (organisatorische Identität), definiert eine leistungsbasierte Identität, wie gut wir etwas im Vergleich mit anderen machen. Wenn unsere Identität mit unserer Leistung verbunden ist, definiert die Qualität unserer Performance, wer wir sind. Wir begreifen, wer wir sind, indem wir die Ergebnisse unserer Performance mit anderen vergleichen. *Ich bin besser als die gro-*

ße Mehrheit der Menschen in ____________ (hier Ihre Domäne eintragen). Wir identifizieren uns selbst in Beziehung zu anderen. Entwicklungswissenschaftler und Associate Research Professor Dr. phil. Ben Houltberg, seines Zeichens lizenzierter Familientherapeut, hat die Motivationen hinter dem Streben nach Exzellenz eingehend untersucht und erachtet eine leistungsbasierte Identität als von drei Faktoren bestimmt: einem von anderen abhängigen Selbstwert, einer lauernden Angst vor dem Versagen und von Perfektionismus.

Wir glauben, wenn wir erfolgreich performen, sind wir mit uns selbst zufrieden. *Wenn ich einen Verleger für mein Buch finde … Wenn ich diesen Deal abschließe … Wenn ich die Beförderung kriege … Wenn ich meine To-do-Liste endlich abhake … Wenn ich zu den besten Studenten meines Jahrgangs gehöre … Wenn ich dieses Jahr wieder der erfolgreichste Verkäufer werde … Wenn ich für einen Oscar nominiert werde … Wenn ich unsere lokale Clubmeisterschaft gewinne … Wenn ich in Wimbledon gewinne … Wenn mein Post in den sozialen Medien viral geht* … Unser Selbstwertgefühl hängt von unserer Leistung und dem Ergebnis eines bestimmten Ereignisses ab. Unser Ziel zu erreichen, wird uns nur kurzfristig erleichtern, denn direkt nach dieser Leistung kommt die nächste. Unsere Selbstachtung wird zum Nebenprodukt einer Reihe von »Wenn–dann«-Aussagen, und wir stecken in einer Endlosschleife, in der wir unserem Selbstwertgefühl hinterherrennen.

Es ist wichtig, nach Exzellenz und hoher Leistung zu streben. Wir lernen etwas über uns selbst, indem wir schwierige Aufgaben erledigen und unsere selbst gesetzten Grenzen testen. Aber wenn die Kernmotivation beim Bemühen um Exzellenz darin besteht, unseren Selbstwert zu beweisen, erfahren wir Fehler, Versagen, Meinungen und Kritik als Bedrohungen, statt als Möglichkeit, zu lernen.

Wenn unser Selbstwert und unsere Nützlichkeit auf den Ergebnissen unserer Performance beruhen, ist es einfacher, auf Nummer sicher zu gehen und es gar nicht erst zu versuchen. Wenn das, was wir tun, die Basis dafür ist, wer wir sind, dann wird das Tun an sich zu einer der größten Bedrohungen, mit der wir uns konfrontiert sehen. Wir vermeiden Situationen, in denen wir vielleicht versagen könnten. Wir büßen die Freiheit ein, uns selbst auf die Probe zu stellen und herauszufinden, aus welchem Holz wir geschnitzt sind. Perfektionismus entsteht weniger aus dem gesunden Streben nach Exzellenz als dadurch, dass wir das negative Urteil anderer und die Scham vermeiden wollen, die aufkommt, wenn wir unserer eigenen Identität nicht entsprechen können.[46] Wir sehnen uns danach, akzeptiert zu werden und dazuzugehören, glauben aber, diese Bedürfnisse könnten nur befriedigt werden, wenn unsere Leistung den Erwartungen genügt oder sie übertrifft.

Personen mit einer hochleistungsgetriebenen Identität grübeln stets darüber nach, wie andere über sie denken könnten, ohne dabei allzu viel Selbstreflexion zu betreiben. Es ist eine nahezu automatische Reaktion. Die Vermutungen stellen sich so implizit und schnell ein, dass wir reagieren, ohne zu überlegen, ob unsere Gedanken vielleicht nur das Nebenprodukt von Angst und Unsicherheit sein könnten.

Dr. Houltberg weist darauf hin, dass unsere Identität nicht nur in der eigenen Domäne einer Person zum Tragen kommt. »Es ist ein Denkmuster, das sich auf andere Bereiche überträgt.«[47] Das zeigt sich in Beziehungen und in der Arbeit oder im Verhalten den eigenen Kindern gegenüber. »Wenn wir uns nicht darum kümmern, setzt es sich durch unser gesamtes Leben fort, bis zu dem Punkt, dass wir glauben, unser Wert und unsere Identität basierten nur auf unserer Leistung.«

Menschen mit leistungsbasierter Identität neigen dazu, nach objektiven Maßzahlen eine gute Leistung zu bringen, aber die Identität wird durch externe Bewertung verstärkt. Das Lob und die Meinungen anderer bilden den Treibstoff für diese Identität. Ein leistungsbasiertes Modell kann funktionieren, aber es lässt sich nicht dauerhaft aufrechterhalten. Der erschöpfende Druck, stets etwas leisten zu müssen, wird unser Wohlergehen, unsere Beziehungen und unser eigenes Potenzial untergraben.

Die leistungsbasierte Identität eines Menschen stellt eine Hauptkomponente seines Selbst dar, bis hin zu dem Punkt, dass er sich nicht mehr wirklich wie er selbst fühlen wird, falls diese Identität verloren geht oder zerstört wird.

Eine leistungsbasierte Identität sollte man nicht mit Selbsteffizienz verwechseln. Selbsteffizienz bedeutet, zu glauben, dass man eine bestimmte Aufgabe erledigen kann.[48] Eine leistungsbasierte Identität meint, den Glauben daran, wer man ist, aus dem Ergebnis der erledigten Aufgabe(n) zu beziehen.

Die Tatsache, dass eine leistungsbasierte Identität, anders als andere arbeitszentrierte Identitäten, übertragbar ist, macht einen Teil ihres Reizes aus. Man kann sie von einem Unternehmen ins nächste tragen und sogar in verschiedene Berufsfelder, was in einer Ära, in der wir die Karriere und unsere Rollen häufig wechseln, verlockend sein kann.

Ein auf Sand gebautes Haus

Leistung sollte ausdrücken, wer wir sind, und nicht genau das definieren. Wenn wir uns selbst durch unsere Leistung definieren, bauen wir unsere Identität wie ein Haus auf Sand. Wie gut wir irgendetwas in unserem Leben erledigen, ändert sich ständig. Unser

Gefühl, wer wir sind, an Leistung und an die damit verbundene Bestätigung zu knüpfen, wirkt wie eine Petrischale für Stress, Angst und Depression.

Identitätsübernahme

Ich finde es beunruhigend, wenn junge Menschen von Kindheit an eine leistungsbasierte Identität ausbilden. In der Psychologie nennt man das Identitätsübernahme, ein Prozess, bei dem Menschen sich vorschnell einer Identität verschreiben, bevor sie die Chance hatten, alle Optionen zu erkunden und genau darüber nachzudenken. Das Alter zwischen 12 und 18 ist entscheidend dafür, die eigene Identität zu bilden. In dieser Phase finden wir langsam heraus, wer wir sind. Wir hören verschiedene Musikstile. Wir finden neue Freunde, neue Aktivitäten, neue Interessen. Wir erforschen neue Vorstellungen über uns selbst.

Statt diesen Prozess zu durchlaufen, sehe ich so viele talentierte junge Sportler, Künstler und Schüler, die aufhören, ihre Identität zu erkunden, um sich mit der Aktivität zu identifizieren, die ihnen Lob einbringt. Wenn jemand einen jungen Sportler oder einen jungen Prominenten um ein Autogramm oder ein Foto bittet, aufgrund dessen, was er tut, wie er aussieht oder was er leistet, kann das Verwirrung in Bezug darauf stiften, welchen Beitrag er für die Welt erbringt. »Ich bin ein Sportler« könnte eine äußerst harmlos klingende, aber radikal das Wachstum einschränkende Aussage eines Jugendlichen lauten. Sein leistungsgetriebener Erfolg wird zur Basis seiner Identität. Es ist einfach zu verstehen, wie junge talentierte Menschen eine Identität übernehmen. Ein so großer Teil ihres Lebens dreht sich um diese eine Aktivität. Viele ihrer Gespräche in diesen jungen Jahren drehen sich darum, wie sie im

Training waren, im letzten Spiel, was sie geleistet haben oder wie gut sie in der Schule sind. Mitten in der völlig normalen Verwirrung der Pubertät kann die Vorstellung, sich einer einzigen, konkreten Identität zu verschreiben, verlockend sein. Besonders eine, durch die man im Rampenlicht steht und mit Lob überhäuft wird, was zu Dopaminausstoß führt. *Ich bin Sportler. Ich bin Tänzerin. Ich bin Geigenspieler. Ich gehöre zu den besten Schülern meines Jahrgangs.*

Im Podcast *Finding Mastery* unterhielt ich mich mit der fünfmaligen Olympiamedaillengewinnerin Missy Franklin darüber, wie Leistung zur Grundlage der eigenen Identität werden kann.[49] Missy erzielte die erstaunliche Auszeichnung von vier Goldmedaillen und einer Bronzemedaille, als sie 2012 mit gerade einmal 17 Jahren ihr Debut bei den Olympischen Spielen gab. Ihre Eltern wussten immer, wie wichtig es war, eine breite Basis für ihre Identität zu schaffen. »Ich war nie nur Missy, die Schwimmerin. Ich war zuerst einmal Missy, ihre Tochter. Und dann war ich Missy, die Freundin. Und dann Missy die Schwimmerin, Missy die Schülerin. Missy was-auch-immer. Sie sorgten dafür, dass ich wusste, ich hatte der Welt so viel mehr zu bieten als nur das, was ich in einem Schwimmbecken erreichen konnte.«

Wenn die Leistung nachlässt, fällt das Haus zusammen. Wenn das Rampenlicht erlischt, wenn das Lob verstummt, wenn jemand anderes aufs Podium tritt, wird die überambitionierte Identität bloßgestellt. Missy gewann zwar vier Jahre später bei den Olympischen Spielen in Rio de Janeiro eine Goldmedaille, fiel jedoch in puncto Gesamtleistung hinter den vorherigen Olympischen Spielen zurück. »Zum ersten Mal versagte ich tatsächlich und musste das durchstehen. Mir wurde klar, wie viel meiner eigenen Identität und meines Selbstwerts auf dem Schwimmen basierte, also erschütterte es meine Welt schwer, als mir das genommen wurde.« Diese Aussage stammt von jemandem, deren Eltern extrem darauf geachtet hatten, ihre Identität nicht zu limitieren. Identitätsübernahme kann ein Drahtseilakt sein, selbst wenn man aufpasst wie ein Schießhund.

Wenn wir früh im Leben erfolgreich sind, kann es uns leicht verunsichern, wie wir unseren Beitrag in der Welt leisten sollen.

Selbstschutz

Wenn wir unseren gesamten Wert nur in unserer Leistung verankern, werden wir natürlich einiges auf uns nehmen, um unser Selbstverständnis zu schützen. Wie Dr. Houltberg anmerkt: »Eine der signifikantesten Konsequenzen einer leistungsbasierten Identität ist, dass Individuen angesichts von Asymmetrien kognitiven und verhaltensbezogenen Aufwand treiben müssen, um ihre Identität zu erhalten.«[50]

Eine leistungsbasierte Identität ist anfällig für Episoden unbewusster Selbstsabotage. Wir steuern auf eine Niederlage zu, weil wir vermeiden wollen, herauszufinden, ob wir versagen würden. Wir legen uns eine Entschuldigung zurecht für den Fall, dass die Ergebnisse nicht unseren Erwartungen entsprechen.

Sie verbringen zum Beispiel Tage damit, eine große Präsentation vorzubereiten, wobei Ihre Arbeit aber noch Lücken aufweist und daher noch nicht ganz rund ist. Doch dann gehen Sie, statt die letzten Details vorzubereiten und absolut selbstbewusst aufzutreten, mit Freunden am Abend vor dem Meeting aus. Wenn dann die Präsentation nicht läuft wie gehofft, schieben Sie es auf den vorherigen Abend. Sie beteuern ihren Freunden und sich selbst: »Ich hätte letzte Nacht nicht ausgehen sollen. Das war ein riesiger Fehler.« Im Subtext dieses Eingeständnisses implizieren Sie, es hätte eine tolle Leistung werden können, aber Ihre Entscheidung hat genau das untergraben. Dies könnte zwar Ihr Urteilsvermögen infrage stellen, aber nicht Ihre Fähigkeit, viel zu leisten. Sie haben sich nicht wirklich auf die Probe gestellt, so wirkt es zumindest. Sie haben damit Ihre Identität bewahrt, statt die Präsentation als Chance zu nutzen, etwas über sich selbst herauszufinden; zu sehen, ob Sie über die nötigen Fertigkeiten verfügen, um sich dieser Herausforderung zu stellen.

Es gibt noch weitere Strategien, um eine Bedrohung der leistungsbasierten Identität abzuwehren. Wir wischen andere Meinungen beiseite. Wir greifen die Person an oder kritisieren sie, wenn wir uns kritisiert fühlen, um ihre Glaubwürdigkeit zu untergraben. Wir reagieren, indem wir uns rechtfertigen und Beweise selektiv bewerten. Wir äußern Gegenargumente. Wir ignorieren die Information, die unseren Überzeugungen widerspricht. Wie stark diese Reaktionen ausfallen, hängt davon ab, inwieweit die geäußerte Meinung den Kern unserer Identität trifft.

Eine leistungsbasierte Identität können wir auf lange Sicht nicht aufrechterhalten. Unsere Urzeitgehirne sind darauf ausgelegt, Bedrohungen aus der Umwelt wahrzunehmen, aber sie sind nicht besonders gut darin, zwischen einer Gefahr für unser körperliches oder unser soziales Selbst zu unterscheiden. Wenn unser Selbstwert an unsere Performance geknüpft ist, kann schon die Vorausschau auf diese Leistung die gleichen Reaktionen unseres sympathischen Nervensystems hervorrufen, als würde ein Tiger im Gebüsch lauern. Die Kette der schnell aufeinanderfolgenden Reaktionen im Körper, die uns von Natur aus mobilisieren sollen, mit einer Bedrohung umzugehen, erschöpfen uns, noch bevor das Spiel beginnt oder die Präsentation zu halten ist. Wir sind nicht dazu geschaffen, zehn Stunden am Tag vor einem Säbelzahntiger davonzulaufen, aber genau das tun wir, wenn unsere Identität allein in unserer Leistung verankert ist.

Ein auf Stein gebautes Haus

Der beste Schutz gegen FOPO ist ein starkes Gespür dafür, wer wir sind. Wenn Sie wissen, wer Sie sind, können die Meinungen anderer Sie nicht mehr ständig bedrohen. Wir wollen unsere Identität darauf aufbauen, wer wir sind, nicht was wir tun; nicht, wie gut wir es tun; nicht, mit wem wir es tun; und auch nicht darauf, wo wir es tun. Wie es Joseph Campbell ausgedrückt hat: »Das größte Privileg unseres Lebens ist es, zu sein, wer wir sind.«[51]

Um das Fundament für ein solch starkes Selbstgefühl zu legen, sollte man sich vor allem nicht auf dieses Selbst konzentrieren. Um FOPO zu überwinden, sollten wir nicht geringer von uns denken, sondern seltener an uns selbst denken. FOPO ist selbstbezüglich. Wir richten unsere Aufmerksamkeit dabei auf uns selbst. Um das auszubalancieren, können wir uns von uns selbst weg fokussieren, indem wir uns grundlegend der Aufgabe verschreiben, etwas zu lernen und einen Sinn im Leben zu finden. Dies führt zu einer völlig neuen Art, uns selbst und die Welt um uns herum zu erleben.

Dazulernen als Geisteshaltung

Integrieren Sie die Freude an der Entdeckung in Ihr Selbstgefühl. So schaffen Sie einen internen Raum für Wachstum, Veränderung und die Freiheit, falschzuliegen oder zuzugeben, etwas nicht zu wissen. Da jeder Augenblick völlig neu ist, sollten wir das psychologische Rahmenwerk errichten, durch das wir die Essenz eines jeden sich entfaltenden Moments entdecken. Es geht um die Haltung eines Lernenden. Um sich diese Einstellung anzueignen, müssen wir loslassen, was wir »wissen«, um Raum für das zu schaffen, was wir nicht wissen. Ein Zengleichnis fängt diese Idee ein.

> Ein Schüler kam zu einem bekannten Mönch und wollte etwas über Zenbuddhismus lernen. Kurz nachdem der Mönch mit seinem Vortrag begann, unterbrach ihn der Schüler und sagte: »Oh, das weiß ich schon«, weil er den Mönch beeindrucken wollte.
>
> Der Mönch schlug vor, die Angelegenheit beim Tee zu besprechen.
>
> Als der Tee fertig war, goss der Mönch den Tee in eine Teetasse, füllte sie bis an den Rand und goss dann weiter ein, bis der Tee über den Rand der Tasse und auf den Tisch lief.
>
> Der Schüler sah zu, wie der Tee überlief, bis er sich nicht länger zurückhalten konnte: »Stopp! Sie können keinen Tee in eine volle Tasse gießen.«
>
> Der Mönch stellte die Teekanne ab und erwiderte: »Genau. Komme zu mir zurück, wenn deine Tasse leer ist.«

Unser Selbstgefühl in einem Sinn für Entdeckung zu verankern, ist kein Ausweg, um sich nicht dem widmen zu müssen, wer wir sind; stattdessen bedeutet es, einfach anzuerkennen, dass wir uns mit der Zeit verändern. Jeder verändert sich mit der Zeit. Ich bin nicht dieselbe Person, die ich war, als ich anfing, diesen Absatz zu schreiben. Wenn Sie bis zum Ende dieses Absatzes gelesen haben, werden Sie nicht mehr dieselbe Person sein, die Sie im Moment sind. Das ist nicht die Wirkung der Worte auf dieser Seite, sondern die Realität, dass wir uns stets ändern. Es ist wichtig, zu erkennen, dass derjenige, der wir in diesem Moment sind, nicht der Endpunkt dessen ist, was wir werden. Wie Dan Gilbert, Psychologieprofessor in Harvard, betont: »Menschliche Wesen sind nie fertiggestellt, aber glauben, sie wären es.«[52] An jedem Punkt unserer Lebensreise neigen wir dazu, uns vorzustellen, dass wir nun die Person sind, die wir für den Rest unseres Lebens bleiben werden; eine Fehleinschätzung, die Gilbert die »Illusion des Endes der Geschichte« nennt.[53]

Gilbert und seine Kollegen führten einige Studien mit mehr als 19 000 Teilnehmern durch, denen man die Frage stellte, wie sehr sie sich in den letzten zehn Jahren verändert hatten und/oder inwieweit sie glaubten, dass sie sich in den kommenden zehn Jahren verändern würden. Unabhängig vom Lebensstadium berichteten die Teilnehmer, dass sie sich in den letzten zehn Jahren mehr verändert hatten, als sie zehn Jahre vorher gedacht hätten. Aber sie glaubten auch, dass dieses Muster des Wandels nun zu Ende wäre. Ob sie 18 oder 68 waren, meinten die Teilnehmer, sie würden in der Zukunft recht wenig wachsen und sich verändern; daher die Illusion, die Geschichte sei an ein Ende gekommen.

Die Neigung zu glauben, unsere persönliche Entwicklung sei abgeschlossen, beeinflusst unser Selbstgefühl. Der Glaube, »das bin ich im Moment und ich entwickle mich noch« unterscheidet sich qualitativ von »das bin ich«. Letzteres führt zu einer starren, festgelegten Identität, die anfälliger für FOPO ist.

Statt uns unbehaglich zu fühlen, wenn die Meinungen anderer unsere Identität herausfordern, sollten wir lernen, diese Ansichten willkommen zu heißen und neugierig darauf sein, woher diese Ideen stammen. Wir können trainieren, diese Ideen auf ihren

Gehalt zu prüfen und nach der Wahrheit darin suchen; neugierig auf die Menschen zu sein, die diese Meinung äußern, und herauszufinden, wie wir etwas daraus lernen können. Neugier fühlt sich nicht immer gut an, aber sie signalisiert Wachstum.

Nachdem ich über zwei Jahrzehnte mit Weltklassesportlern, Künstlern und Führungspersonen in der Wirtschaft gearbeitet habe, ist für mich offensichtlich, dass sie sich öfter außerhalb ihrer Komfortzone bewegen als andere. Sie bleiben dort, wenn es schwierig wird und ersinnen keine Ausreden, um sich einer emotional aufgeladenen Erfahrung zu entziehen.

Auch Sie können sich darin üben, wenn die Meinung einer anderen Person bei Ihnen Unbehagen auslöst (oder jedes Mal, wenn Sie sich herausgefordert fühlen). Lächeln Sie, atmen Sie durch, und seien Sie interessiert. Sie sind ein Teil davon, und in diesem Raum können Sie etwas entdecken. Statt vor der Intensität des Moments zu flüchten, sollten Sie sich die Zeit nehmen, um die Landschaft zu bewundern, wo Sie schon mal da sind. Mit der Zeit ermöglicht Ihnen das Feedback anderer, ob es nun berechtigt ist oder ins Leere geht, sich darüber klarzuwerden, wer Sie sind. Wenn wir im Leben diesen Ansatz verfolgen, den Stress willkommen zu heißen, vergrößern wir unsere internen Kapazitäten enorm. Mit der Zeit stärken die Belastung und der Druck unsere Fähigkeit, uns in jeder Umgebung und unter allen Umständen heimisch zu fühlen.

Die Natur bietet uns eine Metapher dafür, wie Stress und Belastung uns stärken.

1991 zogen acht Menschen in eine futuristische, luftdichte und 1,2 Hektar große »Miniatur-Erde« namens Biosphere 2, um Studien über Nachhaltigkeit anzustellen. Biosphere 2 befand sich in Oracle, Arizona, und war ein realer Vorläufer des geschlossenen Systems im Film *Der Marsianer* mit Matt Damon. Das Projekt zu planen und errichten, dauerte sieben Jahre. Zur natürlichen Umgebung im Inneren gehörten ein Regenwald, eine Savanne mit Gras und Bäumen, eine Wüste, ein Feuchtgebiet mit Mangrovenbäumen und ein Korallenriff in einem etwa 7,5 Meter tiefen und 4,5 Meter langen Ozean.

Biosphere 2 hatte mit vielen Herausforderungen zu kämpfen, wobei ein rätselhaftes Problem die umfallenden Bäume waren. Bäume wuchsen unter der Kuppel schneller, aber sie fielen um, bevor sie ihre maximale Größe erreichten. Die Wissenschaftler waren verwirrt, bis ihnen klar wurde, dass ihnen ein natürliches Element fehlte – der Wind. Bäume brauchen Wind, um ihr Wurzelsystem zu stärken. Der Wind lässt die Stämme hin und her schwanken und übt Druck auf die dünnen Wurzeln aus, die sich dadurch verzweigen und tiefer wachsen. Deswegen sollte ein eingepflanzter Baum nur genug Stütze haben, um nicht umzufallen. Die Baumkrone muss im Wind schwanken können, um Stamm und Wurzelsystem zu stärken.

Stellen Sie den Sinn über die Bestätigung

Von jungen Jahren an werden wir darauf gedrillt, nach Bestätigung zu streben. Diese Konditionierung setzt sich ins Erwachsenenalter fort, wo wir uns die Bestätigung unserer Vorgesetzten, Partner, Freunde und Kollegen erhoffen. Mit der Zeit entwickeln wir einen internen Mechanismus, den Blick nach außen zu wenden, um zu sehen, ob mit uns alles in Ordnung ist. Aber dieser Reflex sollte uns nicht einschränken. Wir haben eine andere Option: Sinn.

Der Sinn impliziert, zu glauben, dass wir auf dieser Erde sind, um etwas Bestimmtes zu tun. Es ist eine innere, allgemeine Absicht, die sowohl bedeutsam für Sie ist als sich auch auf die Welt um Sie herum auswirkt. Kurz gesagt, Ihr Sinn ist grundlegend für Sie. Er beinhaltet einen intrinsischen Wert für Sie. Er ist größer als Sie. Und dieser Sinn richtet sich auf die Zukunft aus.

Statt außerhalb von uns nach Bestätigung zu suchen, können wir diesen Mechanismus nach innen wenden und einen Einklang mit unserem Sinn herstellen. »Folge ich meinem Sinn?« wird dann zum neuen Bezugspunkt statt »Mögen mich andere?«

Statt Bestätigung wird unser Sinn zum Filter, um Entscheidungen zu treffen, Prioritäten festzulegen und etwas auszuwählen. Wir überprüfen, ob unsere Gedanken und Worte unserem Sinn entsprechen.

Oberflächlich betrachtet, zielt der Wettbewerb – ob im Sport oder in der Wirtschaft – darauf ab, zu gewinnen. Aber Menschen oder Unternehmen, die anhaltend siegen – über einen längeren Zeitraum hinweg –, neigen dazu, von mehr angetrieben zu werden als nur einem Podiumsplatz oder dem Aktienwert. Sinn ist keine Voraussetzung für höhere Leistung, aber wenn unser Leben im Sinn verankert ist, werden wir resilienter auf Herausforderungen reagieren.

Wenn uns etwas wichtig ist, geben wir unser Bestes. Das trifft für jemanden zu, den wir lieben. Das gilt aber auch für eine Idee. Und es stimmt auf jeden Fall auch für das Leben, das wir führen wollen. Wir grübeln nicht darüber, wie wir aussehen oder was andere über uns denken. Wir sind tief mit dem verbunden, was wir im gegenwärtigen Moment tun.

Sinn, wie Ben Houltberg ihn beschreibt, ist ein mächtiger Motivationsfaktor, der unser Selbstgefühl um das herum organisiert, was uns am wichtigsten ist. Leonard Hamilton, der Basketballtrainer der Florida State University, schrieb einen Brief an den legendären Sportmoderator Jim Nantz, in dem er schildert, wie Sinn zu einem Teil unserer Identität wird:

> Ich habe nie einen schlechten Tag. Der Maßstab, an dem ich als Trainer gemessen werden will, geht weit über Siege und Niederlagen hinaus. Ich will, dass meine Spieler gute Väter, gute Ehemänner sind. Es ist ein Sieg, wenn ich sie später als Verantwortliche ihrer Familien sehe. Das sind die Rekorde, die mir am Herzen liegen. Wenn sie mich anrufen und mir sagen, dass sie heiraten, wenn sie mich zur Hochzeit einladen, wenn sie mich bitten, der Pate ihres ersten Kindes zu werden. Das sind die Gewinne, die mir am Herzen liegen.[54]

Menschen, deren Identität auf Sinn basiert, treibt nicht an, wie andere ihre Handlungen bewerten. Sondern die Bedeutung dessen, was sie tun und das Potenzial der möglichen Wirkung, die sie erzielen, gibt ihnen Energie.

Dies sind zwei völlig verschiedene Treibstoffe. Der eine ist nachhaltig, und der andere führt dazu, dass man ausbrennt.

Von der Idee zur Tat

Sie können jede Situation nutzen, um zu üben, wie Sie Ihre Identität von der Bestätigung anderer abkoppeln, indem Sie diese Situation gegen Ihre Kernwerte abwägen. Die Kernwerte sind die fundamentalen Glaubenssätze und leitenden Prinzipien, die Ihr Verhalten diktieren.

Notieren Sie fünf Kernwerte für sich und achten Sie darauf, wie diese sich in einer Situation bewähren, die Ihre Identität zu bedrohen scheint. Um dies zu illustrieren, nehmen wir einmal an, der kreative Ausdruck ist einer Ihrer Kernwerte. Ihr Unternehmen plant ein Black-Tie-Event, aber Sie wollen einen lila Blazer tragen. Sie wissen, dass andere darauf reagieren werden. Ihre Gedanken rotieren, und Sie denken: *Meine Kollegen werden denken, ich sei nicht angemessen gekleidet oder suche nur nach Aufmerksamkeit.* In diesem Moment steigen Sie auf die Bremse und sagen sich: *Einen Moment mal. Ist der kreative Ausdruck einer meiner Kernwerte oder richte ich mich nur nach dem, was andere Leute denken?* Nutzen Sie diese Spannung, um zwischen FOPO (*Was werden sie von mir denken?*) gegen Ihren Kernwert abzuwägen. Dann können Sie eine fundierte Entscheidung treffen. Vielleicht entscheiden Sie: *Okay, mein wichtigstes Prinzip ist der kreative Ausdruck, aber das Unternehmensevent ist nicht der richtige Moment, um meine Kreativität zum Ausdruck zu bringen.* Oder Sie schießen alle Vorsicht in den Wind und holen den lila Blazer aus dem Schrank.

Wenn Sie sich über Ihre Kernwerte im Klaren sind, verfügen Sie über einen Mechanismus, den Sie jedes Mal nutzen können, wenn Sie sich durch die Meinung einer anderen Person bedroht fühlen. Dieser Ansatz befreit Sie aus der FOPO-Schleife, in der Ihre Gedanken sich im Kreis drehen und Sie grübeln (*Was werden die anderen denken?)* und ersetzt diese durch eine angemessene Reaktion, die Ihre Prinzipien mehr verdeutlicht. So fokussieren Sie den Inhalt der Erfahrung und haben nicht mehr den Eindruck, man würde über Ihre Identität zu Gericht sitzen. Damit erhalten Sie die Vollmacht zurück, sich bewusst zu entscheiden.

5

Selbstwert outsourcen

Ein Mensch kann sich ohne seine eigene Zustimmung nicht wohlfühlen.

– MARK TWAIN

Im August 2017 stand Hillary Allen kurz davor, ihren Doktor in Neurowissenschaften zu absolvieren und war außerdem die Nummer eins der Welt im »Skyrunning«. Im Grunde läuft man dabei durch hochalpines Gelände, aber mit einem Fokus auf Höhenunterschied und Technik. Während man beim Trail-Running um den Berg herumrennt, läuft man beim Skyrunning hinauf und hinunter. Das ist etwa so, wie einen Ultramarathon einen Berg hinaufzulaufen.

In ihren Sommerferien, als sie keine Wissenschaftskurse am College halten musste, reiste Hillary nach Europa, um drei Monate lang an Rennen teilzunehmen. Wie sie sich im Podcast *Finding Mastery* erinnert, befand sie sich auf halber Strecke beim letzten Rennen des Sommers in Tromsø, Norwegen, im Arctic Circle, als sie sah, wie ein Fotograf im Begriff war, sie abzulichten, als sie gerade um die Kurve eines technisch anspruchsvollen Streckenabschnitts lief. Er hatte Hillary den Spitznamen »Lächlerin« gegeben, weil sie stets, auch unter Schmerzen lächelte. Sie sagte: »Hi, Ian.« Er erwiderte: »Setz mal ein breites Lächeln für mich auf, wenn du um die Kurve läufst.« Das war der letzte Augenblick des Rennens, an den sie sich erinnert.

Sie trat auf einen losen Stein und schlitterte über den Rand eines Abhangs. Der Horizont stand Kopf, und sie wedelte mit den Armen, um sich irgendwo festzuhalten. Sie hörte, wie ihre eigene Stimme sie anwies, tief durchzuatmen, denn sie würde sicher sterben und solle ruhig bleiben, gleich wäre alles vorbei. Hillary stürzte 50 Meter in die Tiefe, schlug mehrere Male gegen den Berghang, bevor sie auf einem steilen, unzugänglichen Felsen landete. Sie brach sich 14 Knochen, inklusive beiden Füßen, beiden Handgelenken, dem vierten und fünften Lendenwirbel und fünf Rippen.

Ein Läufer, der ihren Sturz gesehen hatte, riskierte sein Leben, um hinabzuklettern und sie zu erreichen. Sie hatte offene Wunden und war blutüberströmt. Er vergaß, ihre Lebenszeichen zu überprüfen. Er dachte, er würde eine Leiche bergen. Hillarys Brust hob und senkte sich, als sie das Bewusstsein wiedererlangte. Die ersten Worte aus ihrem Mund zu ihrem Retter waren: »Komme ich wieder in Ordnung?«

Auch wenn Hillarys Reaktion in diesem Schockmoment völlig normal ist, zeigt sie angesichts der Umstände auch auf, dass wir bei anderen nachfragen, um abzuschätzen, wie es uns geht.

Dass wir bestätigt haben wollen, in Ordnung zu sein, zeigt sich in jedem Lebensbereich, in dem Unsicherheit auf uns lauert. In einem Kreißsaal. In der Vorstandsetage. Im Schlafzimmer. Im Klassenzimmer. Wenn wir uns fürchten, unsicher und verwirrt sind, richten wir entweder den Blick nach innen, auf der Suche nach einer Antwort, oder nach außen, in Richtung einer Person, die wir als Autorität wahrnehmen, also auf die Meinung anderer. Ob wir nach innen oder außen schauen, um diese Frage zu beantworten – oder ob wir die Frage, »Bin ich okay?«, überhaupt stellen – das bestimmt letztlich genau eine Sache: der Selbstwert.

Selbstwert

Selbstwert ist das Gespür für unseren eigenen Wert als Mensch. Er beschreibt die Kernglaubenssätze, die wir über unseren eigenen Wert und Beitrag ausgebildet haben. Unser Selbstwert ist ein interner Bewertungsmaßstab, der sich darauf bezieht, wie wir uns selbst sehen und wer wir zu sein glauben. Woher wir unseren Selbstwert beziehen und wie wir über uns selbst denken, beeinflusst in hohem Maße, wie anfällig wir für FOPO sind. Jeder von uns ist anders, wenn es darum geht, was wir glauben, tun oder sein zu müssen, um einen Wert zu besitzen.

William James, der als Vater der amerikanischen Psychologie gilt, schrieb: »Unser Selbstempfinden in dieser Welt hängt völlig davon ab, worauf wir gründen, was wir sein und tun sollen. Es wird von dem Verhältnis unserer Aktualisierung zu unserem angenommenen Potenzial bestimmt … Also muss derjenige, der nach dem wahrsten, stärksten, tiefsten Selbst strebt, die Liste sorgfältig betrachten und etwas aussuchen, worauf er sein Seelenheil gründen will.«[55] James glaubte, dass Selbstwert auf zwei Elementen beruht: unseren Leistungen und unseren Zielen. Er demonstrierte diese Idee in einer einfachen mathematischen Formel:

$$\text{Selbstwert} = \frac{\text{Erfolge (Leistungen)}}{\text{Anspruch (Ziele)}}$$

Unsere Meinung von uns selbst können wir laut James auf zwei Arten verbessern. Wir können mehr erreichen – den Zähler in James' Formel erhöhen. Oder wir können unsere Ansprüche dem Selbst, das wir aufbauen wollen, angleichen, indem wir bescheidenere, aber relevantere Ziele in Bereichen setzen, die wir selbst festlegen.

Jennifer Crocker und Connie Wolfe verfolgten den Ansatz von James weiter und stellten die Theorie der »Bedingungen des Selbstwerts« auf, um die Bereiche zu beschreiben, auf die wir unser persönliches Wachstum und unseren Wert gründen.[56] Dahinter steht die Idee, dass der Selbstwert ein Urteil über das Selbst ist, das folglich auf einigen Kriterien beruhen muss. Menschen wählen verschiedene Bereiche, um ihren Selbstwert zu verankern, abhängig von ihren Zielen in der Welt. In ihrer Längsschnittstudie an 642 Studienanfängern haben Crocker und Wolfe sieben verschiedene Bereiche festgehalten, in denen die Studenten mit der größten Wahrscheinlichkeit ihren Selbstwert verankerten. Fünf der Bereiche waren extern: Aussehen (wie attraktiv derjenige in den Augen anderer ist); akademische Kompetenz (die Fähigkeit, die persönlichen Ziele im akademischen Bereich zu erreichen); Wettbewerb (andere zu übertreffen); Bestätigung von anderen (wie andere Menschen denjenigen einschätzen); und familiäre Unterstützung (inwiefern der Studierende mit den Vorstellungen der Familie übereinstimmt). Zwei Bereiche waren intern: Gottes Liebe (die Liebe und Akzeptanz Gottes) und Tugend (internalisierte ethische Standards).

Wie wir über unseren Selbstwert urteilen, bedingen die Ergebnisse in diesen Bereichen. Den Selbstwert einer bestimmten Person kann die akademische Kompetenz bestimmen, während eine andere Person sich daran orientiert, wie attraktiv sie in den Augen anderer ist oder an dem Gefühl, von Gott geliebt und akzeptiert zu sein. Das allgemeine Gefühl eines Selbstwerts hängt vom wahrgenommenen Erfolg oder Versagen auf diesen Gebieten ab, die den Selbstwert bedingen. Erfolg bedeutet, dass ich nicht nur den Deal unter Dach und Fach gebracht habe, sondern auch etwas wert bin.

Wir beurteilen uns nur in den Bereichen, in die wir unsere Selbstwertflagge gesteckt haben. Deswegen können zwei verschiedene Personen völlig unterschiedlich auf dieselbe Erfahrung reagieren. Eine Zwei in der Matheprüfung könnte eine bedrückende Erfahrung für jemanden sein, dessen Wert im akademischen Bereich verankert ist, aber dieselbe Zwei würde ein Freund, dessen Selbstwert nicht von den akademischen Leistungen abhängt, mit einem Achselzucken hinnehmen.

Für die Studie befragte Crocker die Studenten nach der Grundlage ihres Selbstwerts, bevor sie mit dem College begannen und danach noch zweimal gegen Ende des Oberschuljahres.[57] Mehr als 80 Prozent gaben dabei akademische Kompetenz an, 77 Prozent nannten die Unterstützung der Familie, 66 Prozent sagten, sie wollten besser sein als andere und für 65 Prozent war es ihr Aussehen.

Die Studie enthüllte die Kosten, wenn Studenten nach externer Bestätigung für ihren eigenen Wert suchten. Die Daten zeigten, dass die körperliche und mentale Gesundheit negativ beeinflusst wurde, wenn man den Selbstwert auf externe Quellen gründet, zum Beispiel auf die akademische Leistung, das Aussehen und die Bestätigung anderer. Die resultierende persönliche Instabilität, wenn der Selbstwert der Befragten von der Bewertung anderer abhing, führte zu höherem Stress, mehr Wut, mehr Beziehungsproblemen und geringerer akademischer Leistung. Diese Studierenden neigten auch mehr dazu, Drogen und Alkohol zu konsumieren und zeigten häufiger Symptome von Essstörungen. Im Gegensatz dazu leisteten die Studierenden, die ihren Selbstwert aus internen Quellen bezogen (religiöser Glaube und Tugend), mehr, hatten weniger Stress, nahmen weniger Drogen oder Alkohol zu sich und litten weniger an Essstörungen.

Sofern es funktioniert, kann es uns kurzfristig nutzen, unseren Selbstwert zu veräußern. Wir werden emotional und durch die körpereigene Chemie belohnt, wenn wir Erfolg haben. Unser Hypothalamus produziert Dopamin, das man oft als Wohlfühlneurotransmitter bezeichnet. Unser Selbstwertgefühl steigt, wir fühlen uns sicher, geborgen und überlegen.[58] Aber von dieser externen Bewertung und sozialen Bestätigung abhängig zu sein, ruft ein finsteres Alter Ego auf den Plan, das sich mit der Zeit offenbart.

Der Preis eines konditionalen Selbstwerts

Die weithin akzeptierte Selbstbestimmungstheorie (*Self-Determination Theory*, SDT) der Psychologen Richard Ryan und Ed Deci markierte eine kopernikanische Wende unseres Verständnisses menschlicher Motivation und hat den vorherrschenden Glauben abgelöst, vor allem externe Belohnungen würden Menschen motivieren. SDT besagt, dass Menschen von drei grundlegenden internen Bedürfnissen motiviert sind, die erfüllt werden müssen, um optimal zu funktionieren und sich wohlzufühlen. Sie müssen sich in Bezug auf die Anforderungen ihrer Umwelt als fähig und effektiv wahrnehmen (Kompetenz). Sie müssen sich als zugehörig empfinden und benötigen auch das Gefühl, anderen wichtig zu sein und umgekehrt (Beziehung). Zu guter Letzt brauchen sie Autonomie, die Freiheit, sich so zu entscheiden, dass es mit ihren Prioritäten, Glaubenssätzen und Werten übereinstimmt.

Autonomie bedeutet in diesem Kontext nicht Unabhängigkeit, sondern Entscheidungsfreiheit und Kontrolle zu besitzen. Das trifft dann zu, wenn Menschen etwas aufgrund der damit verbundenen Befriedigung auswählen. Leute, die sich für eine Aktivität interessieren, diese genießen und freiwillig ausüben, erweisen sich als bessere Problemlöser, sind kreativer, engagierter und resilienter, wenn sie Herausforderungen begegnen.

Unseren Selbstwert nach außen zu verlagern, untergräbt diese grundlegenden menschlichen Bedürfnisse.

Der erforderliche Aufwand, um diesen konditionalen Selbstwert aufrechtzuerhalten und zu schützen, beeinträchtigt unsere Fähigkeit, starke Beziehungen aufzubauen. Wenn Erfolg oder Fehlschlag in einem bestimmten Bereich über Ihren Selbstwert entscheiden, besteht Ihr primärer Antrieb oft darin, sich selbst und anderen zu beweisen, dass Sie diese Bedingungen für den eigenen Wert erfüllen. Wie Crocker betont:

> Die Person, deren Selbstwert davon abhängt, schlau oder kompetent zu sein, muss oft beweisen, dass andere weniger schlau oder kompetent sind; die Person, deren Selbstwert davon abhängt, nett und mitfühlend zu sein, ist implizit darauf angewiesen, dass andere weniger nett und mitfühlend sind. Denn wie kann ich sonst mich und andere überzeugen, dass ich schlau und ein guter Mensch bin, wenn du schlauer und besser bist als ich? Wenn wir nach Selbstwert streben, müssen wir daher nicht nur kompetent sein, recht haben oder ein guter Mensch sein – wir müssen kompetenter als andere sein, ihnen »gegenüber« recht haben oder »besser« sein, als sie es sind.[59]

Sich selbst durch die Augen anderer zu fokussieren – *Was denken die anderen von mir? Welche Leistung liefere ich ab?* –, mindert unsere Fähigkeit, die Bedürfnisse anderer wahrzunehmen und darauf zu reagieren.[60] Statt uns nach außen zu orientieren, um eine Verbindung herzustellen, wenden wir uns nach innen, um uns zu verteidigen oder anzugreifen. Mehrere Studien belegen: Wenn unser Selbstwert bedroht ist, reagieren wir, indem wir andere beschuldigen, uns zurückziehen, Ausreden finden und Wut oder Aggression ausdrücken, was die Beziehung weiter schädigt.[61]

Wird unser Selbstwertgefühl herausgefordert, neigen wir instinktiv dazu, das Feedback zu ignorieren oder herunterzuspielen, um uns selbst zu schützen. Auf diese Weise verlieren wir den Zugang zu Informationen über Entscheidungen und Reaktionen, durch die wir besser handeln könnten. Statt aktiv auf unsere Ziele hinzuarbeiten, fixieren wir uns darauf, unvorteilhafte Ergebnisse zu vermeiden.

Vor allem gibt ein von bestimmten Bedingungen abhängiger Selbstwert den Meinungen anderer Menschen zu viel Macht über uns, mindert dabei unsere eigene und unterminiert das grundlegende menschliche Bedürfnis nach Autonomie. Wir investieren eine enorme Menge an Ressourcen, um den Blick nach außen zu wenden und zu sehen, ob mit uns alles in Ordnung ist. Wir meinen, zunehmend von dem kontrolliert zu werden, was andere Menschen tun, denken und fühlen. Wir geben unsere Fähigkeit auf, uns unserer selbst zu versichern. Es fällt uns schwer, Entscheidungen und Zusagen zu treffen, denn wir suchen nach einer Antwort außerhalb unserer selbst, statt zuerst den Blick nach innen zu richten. Wir betreiben Crowdsourcing für unser Selbstgefühl. Wir gestatten anderen Menschen, zu entscheiden, inwieweit wir mit uns selbst zufrieden sind. Das Ausmaß, in dem wir den Meinungen anderer Macht zusprechen, variiert abhängig von der Umgebung, der Situation und dem Wertespektrum unserer Identität.

Wenn unser Wert von unseren Ergebnissen in einem uns wichtigen Bereich abhängt, steht uns ein Leben bevor, das von ständiger Ängstlichkeit und Wachsamkeit geprägt ist. Wie unsere in Stammesverbänden lebenden Vorfahren existieren wir unter der ständigen Bedrohung, angegriffen werden zu können, wobei wir nicht über unsere körperliche Sicherheit wachen. Wir schützen unseren Selbstwert.

Wir halten ständig die Umgebung so wachsam im Auge, als wären wir Jason Bourne, die Figur, die Matt Damon in der Filmreihe *Bourne Identity* verkörpert. Wir behalten alle Ausgänge im Auge. Andere Menschen beobachten wir ganz genau und bemerken jedes nonverbale Signal. Das Ziel ist es, die Handlungen und Reaktionen der anderen vorherzusagen. Manchmal schlagen wir schon vorsorglich zu, bevor jemand überhaupt eine Meinung äußert. Wir erzählen anderen von einer kreativen Idee in einem Meeting und versuchen, uns abzusichern und den Gegenschlag abzumildern, wenn unsere Idee nicht gut ankommt. »Das ist vielleicht eine schlechte Idee, aber was wäre, wenn …« Zu anderen Gelegenheiten reagieren wir wie ein Chamäleon, *nachdem* eine Meinung wie eine Handgranate in den Bunker geworfen wurde, in dem unser Selbstwert sich verschanzt hat. Wenn unser Chef unseren Vorschlag nicht sofort begeistert begrüßt, geben wir unsere Sichtweise schnell auf und unterstützen enthusiastisch eine Idee, die wir eigentlich gar nicht mögen.

Unsere Stressreaktion ist im Alarmmodus – und schaltet selten einmal ab. Unser Nervensystem kennt nicht den Unterschied zwischen dem Mitglied eines feindlichen Stammes, das einen Speer in der Hand hält, und einem Vorgesetzten, der uns konstruktives, aber schwer zu ertragendes Feedback gibt. Der Neuropsychologe Rick Hanson betont: »Was allerdings ebenso normal ist – und das sieht man auch in freier Wildbahn –, die meisten stressreichen Episoden sind schnell geklärt, egal auf welche Weise. Der natürliche biologische, evolutionäre Bauplan besteht darin, lange Perioden entspannter Erholung zu haben, nachdem man kurzzeitig einem hohen Stresspegel ausgesetzt war.«[62] Die Domäne zu schützen, in der wir unseren Selbstwert verankern, macht uns anfällig für chronischen Stress, denn wir werden andauernd mit Gefahren, ob real oder fehlinterpretiert, konfrontiert.

Indem wir unseren Selbstwert von äußeren Faktoren abhängig machen, finden wir uns selbst in einer Endlosschleife gefangen, in der wir diesem Selbstwert hinterherjagen. Wir stecken in der Falle, wenn unser Selbstwert eine Konsequenz und nicht die Ursache unserer persönlichen Erfolge wird. In diesem Konstrukt erhalten Erfolge und Leistungen unseren Selbstwert, und diesen bedrohen stets Hindernisse, Fehlschläge und die Meinungen anderer.

Wie ist es so weit gekommen?

Wir wurden konditioniert, und in manchen Fällen hat man uns explizit beigebracht, dass wir uns selbst nur dann einen Wert zuschreiben dürfen, wenn wir den herrschenden Bedingungen entsprechen, um die Liebe und die positive Anerkennung anderer zu gewinnen. Wenn wir auf die Welt kommen, sind wir völlig von denjenigen abhängig, die sich um uns kümmern. Eine neugeborene Giraffe ist über 1,80 Meter groß und kann eine Stunde nach der Geburt aufstehen und losrennen. Ein menschliches Baby kann in den ersten beiden Monaten nach der Geburt kaum ohne Hilfe den Kopf heben. Es dauert mehr als ein Jahrzehnt, bis Menschen alleine überleben können. In unseren frühen Jahren bemerken wir, was denjenigen gefällt, die sich um uns kümmern – welches Verhalten wird belohnt und welches nicht – und passen uns schnell daran an.[63] Wir beobachten diejenigen, die sich um uns kümmern, mit großen Augen, um herauszufinden, was wir tun müssen (und was nicht), damit sie uns versorgen. Wir lernen von Kindesbeinen an, dass die Reaktionen unser Wohlergehen direkt beeinflussen.

Diese Zuwendung der Fürsorgepersonen dient oft dazu, Kinder zu sozialisieren, und sie kann den Selbstwert von Kindern in hohem Maße beeinflussen. Ein Erwachsener kann Liebe und Zuneigung zeigen, wenn ein Kind bestimmte positive Verhaltensweisen oder Eigenschaften an den Tag legt. Das Kind erhält Lob für Erfolge und wenn es den Bedingungen entspricht, die man ihm zuweist. Und auf der anderen Seite wird Zuneigung entzogen, wenn das Kind sich unerwünscht verhält oder schlechte Ergebnisse liefert. Dieser Liebesentzug ängstigt das Kind und motiviert es, sich anders zu verhalten, was im Gegenzug wiederum mit Zuneigung belohnt wird, wodurch seine Angst wieder sinkt.[64]

Kinder können dadurch die Botschaft von ihren Eltern erhalten, das Ausmaß ihres Werts und der erfahrenen Anerkennung hinge davon ab, dass sie ein bestimmtes Verhalten an den Tag legen oder gewisse Anforderungen erfüllen, wie sie sein sollen. Der Subtext lautet, dass sie für ihre Eltern nicht gut genug sind, so wie sie sind. Etwas anderes ist erforderlich, damit sie etwas wert sind.[65] Kinder verinnerlichen diese Idee häufig und glauben selbst, dass sie nicht gut genug für irgendwen sind, inklusive für sich selbst.[66]

Die Kultur um uns herum verstärkt diese Botschaft des Selbstwerts, der sich nach bestimmten Bedingungen richtet. Eine kompetitive akademische Welt lässt Schüler und Studenten glauben, Noten und standardisierte Testwerte seien ein Maßstab für ihren eigenen Wert. Werbetreibende suchen nach den Schmerzpunkten von Konsumenten und erschaffen Probleme, die nicht existierten, um ihnen Produkte zu verkaufen, die sie nicht brauchen.[67] Die sozialen Medien treiben den sozialen Vergleich voran, mit sorgfältig kuratierten, idealisierten Bildern und messen Wert an der Zahl der Follower, Likes, Shares und Kommentare.

Während wir aufwachsen, werden uns beständig die Meinungen, Urteile und Ansichten anderer Leute vor Augen gehalten. Dabei bringt man uns vielleicht auch bei, kritisch zu denken und selbst zu entscheiden, aber die tief eingegrabenen Angewohnheiten, die wir erlernten, noch bevor wir sprechen konnten, sind schwer zu brechen.

Wir absorbieren und interpretieren Botschaften aus unserer Umwelt und wandeln sie in Verhalten um, das wir für sozial akzeptabel halten. Mit der Zeit werden diese Verhaltensmuster zur Grundlage für die Beziehungen zu unseren Freunden, Lehrern, Partnern und Vorgesetzten.

Inhärenter Wert

Der legendäre britische Werbefachmann Rory Sutherland sagte: »Ingenieure, Mediziner, Wissenschaftler sind besessen davon, die Probleme der Realität zu lösen, während in der Realität die meisten Probleme, sobald man ein bestimmtes Maß an Wohlstand in einer Gesellschaft erreicht, in Wahrheit Probleme sind, die in der Wahrnehmung bestehen.« Er nannte als Beispiel, dass Werbung einen Wert bietet, indem sie die Wahrnehmung verändert und nicht das Produkt – und dass der wahrgenommene Wert genauso belohnend wirken kann wie ein echter Wert.[68] Letztlich können wir Verhalten ändern, indem wir Menschen eine Geschichte erzählen, die dafür sorgt, dass sie etwas anders betrachten. Was er sagt, ließe sich im Grunde auch darauf anwenden, das Problem des konditionalen Selbstwerts zu lösen.

Sie könnten die Lösung übermäßig verkomplizieren und über all die erforderlichen Veränderungen reden, um sich selbst aus dem ressourcenintensiven, instabilen und einengenden Gefängnis des konditionellen Selbstwerts befreien zu können. Sie könnten eine Regressionstherapie durchführen, um besser zu verstehen, wie diejenigen, die sich zu Beginn Ihres Lebens um sie kümmerten, ihnen implizit vermittelten, Ihr Selbstwert hinge von bestimmten Bedingungen ab. Sie könnten die Trümmer des emotionalen oder körperlichen Leids durchwühlen, das sie ertragen mussten, als sie aufwuchsen. Aber so kompliziert müssen Sie es sich nicht machen.

Sie müssen einfach erkennen, dass Sie etwas wert sind, genauso wie Sie sind. Sie sind nicht Ihre Note – ob das eine 1 oder eine 6 ist. Sie sind nicht Ihre Arbeit, Ihr Alter, Ihre Marathonzeit, Ihr Platz auf einer Rangliste, Ihr Beziehungsstatus, Ihre Goldbarren oder Ihre Gefängnisgitter. Sie haben einen inhärenten Wert, und der beruht nicht auf irgendetwas, das Sie tun oder besitzen. Er basiert nicht darauf, wie edel Sie waren oder wie viele Fehler Sie gemacht haben. Ihre Tugenden und Fehler beeinflussen nicht, welchen Wert Sie als menschliches Wesen besitzen. Ihr Wert entstammt Ihrem Dasein, nicht dem, was Sie tun.

Von der Idee zur Tat

Entwickeln Sie ein Bewusstsein dafür, wo Ihr Selbstwert extern verankert ist. Wohin veräußern Sie Ihr Selbstwertgefühl? In welchen Domänen müssen Sie bestimmte Standards erfüllen, um zu glauben, dass Sie etwas wert sind? Es muss nicht unbedingt eine einzelne Domäne sein, von der Ihr Selbstwert abhängt; es könnten mehrere sein. Idealerweise ist Selbstwert nicht konditional, aber Sie könnten die folgenden Bereiche betrachten, um besser zu verstehen, wie Ihre Maßstäbe aussehen.

Soziale Bestätigung:	Mein Selbstwert hängt davon ab, dass ich akzeptiert und wertgeschätzt werde und von anderen Bestätigung erhalte.
Arbeitsplatz:	Mein Selbstwert hängt von einem bestimmten Leistungsstandard bei meiner Arbeit ab.
Geld:	Mein Selbstwert hängt von der Wahrnehmung finanziellen Reichtums ab.
Akademisch:	Mein Selbstwert hängt von meinen Leistungen als Forscher ab.
Aussehen:	Mein Selbstwert hängt davon ab, dass ich den kulturellen Standards für Attraktivität entspreche.
Sozialer Vergleich:	Mein Selbstwert hängt davon ab, dass ich in einem bestimmten Bereich »besser« als andere bin.
Tugend:	Mein Selbstwert hängt davon ab, dass ich eine tugendhafte Person bin.

Elternschaft:	Mein Selbstwert hängt von den Leistungen und dem Wohlergehen meines Kindes ab.
Macht:	Mein Selbstwert hängt von meinem Gefühl ab, Macht zu besitzen.
Gottes Liebe:	Mein Selbstwert hängt von der Liebe Gottes ab.
Bestätigung der Familie:	Mein Selbstwert hängt davon ab, dass ich den Wünschen meiner Familie entspreche.

Zu wissen, worauf der eigene Selbstwert beruht, kann Ihnen helfen, die Motivation für Ihr Verhalten und Ihre Reaktionen besser zu verstehen und ein größeres Bewusstsein dafür zu entwickeln, an welchen Stellen Sie psychologisch verwundbar sind.

6

Die Neurobiologie von FOPO

Ich kenne nur eine Freiheit, und das ist die Freiheit des Geistes.

– ANTOINE DE SAINT-EXUPÉRY

Allein mit unseren Gedanken

»Ich habe keine Zeit für mich selbst.« Eine häufige Beschwerde oder auch Prahlerei in einer Kultur, in der immer beschäftigt zu sein, den Müßiggang als Statussymbol abgelöst hat. Wir signalisieren damit sowohl, dass wir erschöpft sind, als auch unseren sozialen Wert in einem einzigen Satz. Wir implizieren, dass Knappheit und Nachfrage uns zu begehrtem menschlichem Kapital machen, aber unsere Leben wären besser, wenn wir Zeit für uns selbst hätten.

Es ist ein schöner Gedanke, mehr Zeit für sich selbst zu haben. Aber wie Timothy Wilson, Psychologieprofessor an der University of Virginia, und seine Kollegen herausgefunden haben, hassen es viele von uns, mit unseren Gedanken allein zu sein, und wir tun erstaunliche Dinge, um dies zu vermeiden.[69]

Wilsons Team bat Collegestudenten, alleine in einem minimalistisch eingerichteten Raum, Zeit mit ihren eigenen Gedanken zu verbringen. Die einzigen Regeln lauteten, auf einem Stuhl sitzen und wach bleiben zu müssen. Danach beantworteten die Teilnehmer Fragen darüber, inwiefern sie die Erfahrung genossen hatten und ob es ihnen schwerfiel, sich zu konzentrieren.

Die bisherige Forschung in diesem Bereich hatte sich bis dahin vor allem auf Menschen konzentriert, die eine externe Aufgabe (wie Lesen) ausführten, und darauf, ob ihre Gedanken abschweiften. In diesen Fällen waren die Testpersonen im Allgemeinen glücklicher, wenn ihre Gedanken sich auf die Aufgabe konzentrierten. Ohne irgendetwas in dem Raum, das ihre Aufmerksamkeit erforderte, könnte man meinen, die Teilnehmer an Wilsons Studie seien in der Lage gewesen, ihren Verstand mit positiven, interessanten Gedanken zu füllen. Aber das war nicht der Fall.

Die meisten Teilnehmer berichteten, dass es schwierig war, sich zu konzentrieren und ihre Gedanken abschweiften. Die Mehrheit der Studierenden genoss die Erfahrung nicht, sich mit den eigenen Gedanken zu beschäftigen.

Die Forscher gingen noch einen Schritt weiter, um zu testen, wie sehr sich Menschen einer Situation widersetzen würden, in der sie mit ihren Gedanken allein waren. Erneut wurden die Studierenden (allein) ohne äußere Stimuli in einen Raum gesetzt, und man bat sie, sich mit ihren eigenen Gedanken zu beschäftigen. Dieses Mal gab man ihnen die Option, einen Knopf zu drücken, der ihnen einen unangenehmen elektrischen Schock verpassen würde. (Alle Teilnehmer hatten vorher schon diesen Schock ertragen und sagten, sie würden Geld bezahlen, um das zu vermeiden.) Es war klar, dass sie lieber etwas anderes tun würden, als mit ihren Gedanken allein zu sein, aber würden sie lieber etwas Unangenehmes machen als gar nichts?

Die Ergebnisse zeigten, dass viele genau das tun würden. 25 Prozent der Frauen lenkten sich von ihren eigenen Gedanken durch einen Elektroschock ab, während beeindruckende 67 Prozent der Männer sich mindestens einmal einen Schock verpassten. Ein Extremfall drückte den Knopf 490-mal! Versuchen Sie, sich in so jemanden hineinzuversetzen.

Wieso lehnen wir es dermaßen ab, mit unseren Gedanken allein zu sein?

Hier drin steigt eine Party

Die Antwort könnte vom sogenannten Default Mode Network (DMN) abhängen. Nein, das ist keine Band aus den 1980er-Jahren, die elektronische Musik machte.[70] Das DMN ist ein hochkomplexes Netzwerk interagierender Hirnregionen, die vielleicht die neurologische Grundlage für unser Selbstempfinden sind, der Sitz für Leiden und die Quelle von FOPO. Aber dadurch erhält das DMN einen schlechten Ruf, und ich greife zu weit voraus.

In den letzten 60 Jahren haben Wissenschaftler Quantensprünge dabei vollzogen, die Geheimnisse des Gehirns zu entschlüsseln, indem sie detaillierte Aufnahmen von neuralen Netzwerken machten. Marcus Raichle von der Washington University in St. Louis sagte dazu: »Das Mikroskop und das Teleskop haben eine unerwartet große Domäne an wissenschaftlichen Entdeckungen möglich gemacht. Eine ähnliche Chance hat sich für die Erforschung der menschlichen Wahrnehmung ergeben, durch die Einführung von Methoden, die es möglich machen, Hirnsysteme sichtbar zu machen, die an unseren Denkvorgängen beteiligt sind.«[71] Wir brauchten nicht mehr das Messer eines Chirurgen, um das Gehirn zu sehen. Nichtinvasive funktionelle Magnetresonanztomographie (fMRI) ist eine Technologie, die es Wissenschaftlern ermöglicht hat, auf sichere Weise Einsichten darüber zu gewinnen, wie das Gehirn funktioniert.

Jahrelang hatten sich Wissenschaftler darauf konzentriert, die Veränderungen im Gehirn zu verfolgen, wenn Menschen sich völlig in eine Aktivität vertieften. Niemand hatte sich sehr dafür interessiert, was im Hirn passiert, wenn jemand kaum etwas tut. Raichle hat in den 1990er-Jahren dieses Paradigma verschoben.

Raichle und seine Kollegen bedienten sich der Standardmethode des Hirn-Mappings in ihren Studien und baten die Teilnehmer, einfache Aufgaben zu verrichten, wie Worte laut vorzulesen, Farben in einem Bild zu identifizieren oder zu versuchen, sich an ein Wort zu erinnern, das auf einer zuvor gezeigten Liste stand. Dann verwendeten die Forscher ein bildgebendes Verfahren namens Positronen-Emissions-Tomographie (PET), um zu sehen, wohin als Reaktion auf die Hirnaktivität das Blut floss.[72] Sie suchten nach einer Zunahme an Hirnaktivität in Verbindung mit verschiedenen Aufgaben.

Um die Veränderung zu messen, bestimmten die Wissenschaftler eine Ruhe-Ausgangslinie für die Aktivität, wenn die Teilnehmer in einem ungerichteten mentalen Zustand waren. In Raichles Labor mussten die Testpersonen normalerweise auf einen leeren Bildschirm starren. Eines Tages bemerkte Raichle, dass die Aktivität in bestimmten Regionen des Gehirns reduziert war, wenn die Teilnehmer mit einer anspruchsvollen Aufgabe beschäftigt waren. Noch überraschender war, dass die Aktivität in diesem Hirnbereich zunahm, sobald die Aufgabe erledigt war. Das Hirn schien ohne eine bestimmte Aufgabe wieder in einen normalen Aktivitätspegel zu verfallen. Das Hirn war in diesen Regionen aktiv, wenn es eigentlich ruhen sollte. Raichle war überrascht und nicht sicher, was vor sich ging, aber er gewöhnte sich an, dieses Phänomen bei allen Experimenten zu beobachten.

Anhand der gesammelten Kontrolldaten entdeckte Raichle zufällig das Default Mode Network (DMN), eine bisher unentdeckte, zusammenhängende Gruppe von Hirnstrukturen, die paradoxerweise aktiver ist, wenn wir uns nicht mit einer externen Aufgabe beschäftigen.[73]

Bis zu Raichles Entdeckung hatte man allgemein angenommen, dass die Hauptfunktion des Gehirns darin bestand, Aufgaben zu lösen und das Gehirn, wenn es gerade nichts zu tun hatte, frei oder passiv war.[74] Niemand war auf die Idee gekommen, das Gehirn könne genauso aktiv sein, wenn wir uns entspannen, als wenn wir uns auf herausfordernde Aktivitäten konzentrieren.

Diese Entdeckung erklärt zum Teil, wieso das Gehirn fast genauso viel Energie verbraucht, wenn es »ruht«, als wenn es komplizierte mentale Aufgaben verrichtet, und wieso das Gehirn eines durchschnittlichen Erwachsenen etwa 20 Prozent der gesamten Energie verbraucht, selbst wenn es nur 2 Prozent des Körpergewichts ausmacht.[75] Es stellte sich heraus, dass das Gehirn nie wirklich abschaltet.

Ein nicht so untätiger Verstand

Nun, wenn das Gehirn immer aktiv ist: Was macht es, wenn es sich gerade nicht auf ein bestimmtes Ziel konzentriert? Auf die Gefahr hin, die Sache zu sehr zu vereinfachen, kann man sagen, dass es in ein Muster verfällt, das dem neuralen Äquivalent gleichkommt, den Geist schweifen zu lassen. Das Default Mode Network dient vielen Zwecken, aber wenn es nichts anderes zu tun hat, ist der Normalzustand des Gehirns oft, über sein liebstes Thema nachzudenken – die Person, in der es sich befindet.

Das DMN ist immer noch nicht völlig ergründet, aber gemäß der vorherrschenden Idee ist es ein Knotenpunkt für selbstbezügliche mentale Aktivität, wobei wir in unproduktive, sich wiederholende, negative Gedankengänge verfallen können. Wir zerren Erinnerungen an die Oberfläche. Machen uns Sorgen über die Zukunft. Brechen den Stab über uns und andere. Stellen die Absichten anderer Menschen infrage. Denken darüber nach, was andere über uns denken. Fürchten das, was andere über uns denken.

Für die meisten Menschen ist ein schweifender Geist kein glücklicher Geist. Das war die Schlussfolgerung einer Studie des Harvard-Sozialpsychologieprofessors Dan Gilbert sowie von Matthew Killingsworth.[76] Sie programmierten eine iPhone-App und nutzten sie, um mehr als 5000 Teilnehmer aus 83 Ländern während zufälliger Tageszeiten zu kontaktieren. Sie fragten den Teilnehmer: »Denken Sie über etwas anderes nach als über das, was Sie im Moment tun?«, und auch, ob dieser Moment angenehm oder unangenehm war.

Die Studie stellte fest, dass wir im Durchschnitt 47 Prozent unserer wachen Zeit in einem Zustand verbringen, in dem unser Verstand abschweift. Fast die Hälfte unseres Lebens denken wir über etwas anderes nach als über das, was wir tun. Auch wenn das eine positive Ablenkung sein kann, wenn wir gerade unsere Kreativität nutzen, kann es auch einen emotionalen Tribut fordern, falls diese Gedanken uns unzufrieden und unglücklich mit unserem Leben machen – und im Allgemeinen passiert das, wenn wir darüber nachgrübeln, was jemand anderes über uns denken oder auch nicht denken mag.

Wie sollen wir die Erkenntnis damit unter einen Hut bringen, dass erstaunliche Dinge geboren werden, wenn unser Geist unstrukturiert im freien Fluss umherstreift, wir uns aber gleichzeitig besser fühlen, wenn unsere Gedanken nicht ziellos wandern?

Tatsächlich brauchen wir beides. Unsere wahre Macht liegt darin, wählen zu können, wohin wir unsere Aufmerksamkeit lenken, und über die mentalen Fertigkeiten zu verfügen, das auch zu tun. Dass wir uns aussuchen können, ob wir darüber nachgrübeln wollen, was unser Partner, Kollege, Klassenkamerad, Trainer, Freund oder Erzfeind vielleicht über uns denken mag.

Unsere Aufmerksamkeit muss sich nicht auf jeden flüchtigen Gedanken konzentrieren, den wir über die mutmaßliche Meinung haben, die andere über uns hegen könnten. Der schweifende Geist muss nicht der Schwanz sein, der mit dem Hund wedelt. Wie richten wir unsere Aufmerksamkeit dorthin, wo wir sie haben wollen, statt standardmäßig auf den primitiven Hunger nach sozialer Anerkennung zurückzufallen, mit dem sich unser Gehirn so gern beschäftigt?

Mit Achtsamkeit.

Aufpassen, bitte

Eine Reihe wissenschaftlicher Studien bestätigt, was die alten östlichen Traditionen seit Jahrhunderten wussten – die Achtsamkeit zu verbessern, kann die Aktivität im Default Mode Network verringern, der Brutstätte unserer ungesteuerten Gedanken und FOPO.[77]

Achtsamkeit ist nichts Neues. Jahrtausende lang haben kontemplative Praktiken wie Meditation einen Weg geboten, nach innen zu blicken und unsere mentalen und emotionalen Prozesse zu erkunden. Erst vor relativ kurzer Zeit haben sie den Weg nach Westen gefunden. Mitte des 19. Jahrhunderts beeinflussten bedeutende Werke der östlichen spirituellen Tradition Henry David Thoreau und Ralph Waldo Emerson, aber sie verfügten über keine Ausbildung in den Praktiken, die diesen Texten zugrunde lagen. Achtsamkeit erhielt in den 1960er-Jahren mehr Resonanz, als Lehrer aus Asien und Indien in den Westen kamen und westliche Menschen ins Ausland reisten, um die uralten Mysterien der inneren Künste des Ostens zu erlernen.

Jon Kabat-Zinn, ein Mann, den ich zutiefst bewundere und der mir ein wertvoller Mentor war, hat als Graduiertenstudent am MIT in den 1970er-Jahren Achtsamkeit für eine säkulare Welt neu durchdacht. Er hatte einen Doktortitel in Molekularbiologie und erkannte den Nutzen der Achtsamkeit für die Gesundheit. Daher versuchte er mit großem Nachdruck, die Achtsamkeit wissenschaftlich zu untermauern, damit sie nicht als New-Age-Modeerscheinung oder esoterische östliche Mystik abgestempelt wurde.[78] Er gründete eine Klinik für achtsamkeitsbasierte Stressreduktion (MBSR, Mindfulness-Based Stress Reduction), die Menschen mit chronischen Schmerzen oder durch Stress verursachten Beschwerden die Techniken der Achtsamkeitsmeditation lehrt.

Achtsamkeit ist ein entscheidendes Werkzeug, um Ihre Beziehung zu FOPO zu verändern. Sie ermöglicht Ihnen, sich Ihrer Gedanken, Gefühle und Emotionen in jedem Moment bewusst zu sein, und gibt Ihnen damit den Raum, in dem Sie besonnen und nicht nur aus Reflex darauf reagieren können. Achtsamkeit ist sowohl ein Zustand als auch eine Fertigkeit. Sie ist der Zustand von »Bewusstsein, das daraus entsteht, zielgerichtet, im Moment und ohne Urteil seine Konzentration auf etwas zu richten«.[79] Achtsamkeit ist auch eine Kompetenz, die man anwenden kann, um den Übenden in eben diesen Zustand zu versetzen.

Achtsamkeit zu üben, erlaubt uns, uns von unseren Wahrnehmungen und Emotionen zu distanzieren, sodass wir die Dinge so sehen, wie sie sind. Wir sind in der Lage, zu erkennen, dass wir nicht die Gedanken sind, die wir uns über uns selbst machen. Wir sind nicht die Gedanken und Meinungen, die andere über uns haben oder nicht haben. Wir sind unendlich größer und vielschichtiger.

Um dieses Bewusstsein zu erlangen, brauchen wir nirgendwohin zu gehen, es ist uns stets zugänglich. Wir müssen nur die mentalen Skills entwickeln, um es uns anzueignen.

Im Allgemeinen bieten sich zwei Arten von Übungen an, um Achtsamkeit zu entwickeln. Kontemplative Achtsamkeit bedeutet, einfach die eigenen Gedanken urteilsfrei zu beobachten. Man behält dabei im Blick, wie die inneren Gedanken und Emotionen zusammenwirken. Bei der »Single-Point«-Achtsamkeit fokussieren Sie sich auf ein einzelnes Objekt, häufig den Atem. Aber der Punkt der Aufmerksamkeit kann alles Mögliche sein. Ein Geräusch. Eine Kerzenflamme. Ein Punkt an der Wand.

Achtsamkeit zu üben, ermöglicht uns, uns bewusster zu werden, wie häufig wir darüber grübeln, was andere von uns denken oder nicht denken könnten. Wir erkennen zunehmend die zugrunde liegende Sorge, die so viele unserer Gedanken und Verhaltensweise beeinflusst. Wir werden besser darin, mit diesen Gedanken zu arbeiten und identifizieren die Auslöser, Bedingungen und Gedankenmuster, die der Treibstoff für unser Verlangen nach sozialer Anerkennung sind.

Von der Idee zur Tat

Praktizieren Sie Achtsamkeit.

Das hört sich einfach an, ist aber eine große Herausforderung. Versuchen Sie ein paar Minuten, Ihre Achtsamkeit auf nur einen einzigen Punkt zu richten, und beobachten Sie, was an die Oberfläche kommt. Wenn Sie so sind wie die meisten Menschen, werden Ihre Gedanken in die Vergangenheit oder in die Zukunft wandern oder Ihre Gedanken drehen sich um den aktuellen Moment. Viele Gedanken befassen sich mit Beziehungen zu anderen und sich selbst. Ein einfacher Video-Call kann zu einer inneren Reise ins Nirgendwo führen, da unser Bewusstsein reflexhaft abschweift. *Der Bildschirm erinnert mich an die Gameshow* Hollywood Squares *… Wer hat das nochmal moderiert? Peter Marshall? … Niemand in diesem Video-Call ist alt genug, um das noch zu kennen … Habe ich aus diesem Kamerawinkel ein Doppelkinn? …*

Ihr Verstand springt vielleicht auf den »Gedankenzug« auf – eine Folge miteinander verbundener Gedanken. Ein einfacher Gedanke genügt, damit der Zug den Bahnhof verlässt. *Ich habe nicht ein einziges Fußballspiel meiner Töchter gesehen, weil ich die ganze Zeit arbeite.* Bei jedem Halt nimmt der Zug einen neuen Gedanken auf. *Wieso habe ich so wenig Kontrolle über mein Leben? Alle anderen gehen zu den Spielen oder nehmen sich Urlaub. Ich arbeite.* Ein Gedanke führt zum nächsten. *Ich bin nur ein Rädchen in einer großen Maschine, die so tut, als würde sie edlen Zwecken dienen.* Einmal eingestiegen, kann einen der Zug auf einige finstere Strecken schicken, bevor man merkt, dass man gar nicht dort ist, wo man hinwollte. *Ich muss mir eine neue Arbeitsstelle suchen.*

Irgendwann bemerken Sie, dass Ihre Aufmerksamkeit sich nicht mehr auf Ihren Atem richtet. Wenn Sie das erkennen, lassen

Sie den Gedanken los, der Sie davon entfernt hat, und richten Sie Ihre Aufmerksamkeit wieder auf Ihren Fokuspunkt – den Atem. Dieser Kreislauf wird sich wiederholen.

Diese Übung zeigt, wie leicht der Verstand sich ablenken lässt, verbunden mit der ständigen Beschäftigung mit anderen Menschen und was sie über uns denken könnten. Üben Sie öfter, dann werden Sie schnell bemerken, wenn Ihre Aufmerksamkeit sich nicht mehr auf einen bestimmten Punkt richtet. Sie werden geschickter darin, den Verstand zu steuern und Ihre Aufmerksamkeit auf ein gewünschtes Ziel zu lenken.

Wenn Sie einige geführte Meditationen ausprobieren wollen, können Sie diese hier herunterladen: www.findingmastery.com/thefirstrule.

TEIL 2

BEWERTEN

7

Barry Manilow und der Spotlight-Effekt

Man macht sich weniger Sorgen, was andere über einen denken, wenn einem klar wird, wie selten sie das tun.

– DAVID FOSTER WALLACE

Thomas Gilovich, Professor an der Cornell University, und seine Kollegen entwickelten ein Sozialexperiment, das 2000 veröffentlicht wurde. Damit wollten sie herausfinden, ob andere Menschen uns wirklich auf Schritt und Tritt beobachten und bewerten.[80] 109 Collegestudenten betraten einen Raum voller Kommilitonen, jeder für sich allein, wobei sie T-Shirts mit einem Foto des Popsängers Barry Manilow trugen. Die Forscher hatten ein Bild von Manilow gewählt, dem Schutzheiligen der Uncoolen, wohl wissend, dass es für die Studierenden »peinlich« wäre. Sorry, Barry.

Die Beobachter im Raum saßen an einem Tisch, der zur Tür gewandt war, als die Studierenden mit dem bedruckten T-Shirt den Raum betraten. Nach einer kurzen Interaktion verließen die Studierenden den Raum, woraufhin die Forscher sie fragten: »Wie viele der Studierenden, die einen Fragebogen im Labor ausfüllen, könnten sagen, wer auf Ihrem T-Shirt abgebildet war?« Man stellte den Beobachtern unter anderem Fragen, die nur als Füllmaterial gedacht waren, ob ihnen aufgefallen war, wer auf dem T-Shirt der Studenten zu sehen war.

Wie es die Forscher vorhergesagt hatten, überschätzten die Studierenden mit dem T-Shirt dramatisch die Anzahl der Personen, die darauf geachtet hatten, was sie trugen. Die Testteilnehmer vermuteten, dass 50 Prozent der Menschen im Raum das Bild von Manilow bemerken würden. Im Durchschnitt konnten sich weniger als 25 Prozent tatsächlich an das T-Shirt der Testteilnehmer erinnern. Als man andere Studierende bat, sich eine Videoaufnahme des Experiments anzusehen und zu schätzen, wie viele der Leute im Raum sich an das Manilow-T-Shirt erinnern würden, nahmen sie korrekt um die 25 Prozent an. Die einfache Tatsache, dieses T-Shirt vor seinen Kommilitonen zu tragen, hatte dramatisch die Beurteilung beeinflusst, wie viel Aufmerksamkeit auf ihnen ruhte.

Dieses Phänomen, der »Spotlight-Effekt«, beschreibt, dass Menschen überschätzen, in welchem Ausmaß andere ihre Handlungen und ihr Aussehen bemerken.[81] Wir neigen dazu, zu glauben, dass andere uns aufmerksamer wahrnehmen, als es tatsächlich der Fall ist.

In Wahrheit schenken wir uns selbst weit mehr Aufmerksamkeit, als andere Menschen es tun. Wir meinen, »im Spotlight zu stehen«, wobei alle Augen jede unserer Bewegungen beobachten und unsere Fehler für alle überdeutlich zu sehen sind.

Wieso?

Diesem Phänomen liegt eine egozentrische Wahrnehmungsverzerrung zugrunde. Wir leben im Mittelpunkt unserer eigenen Welt und fokussieren uns auf unser Verhalten und unser Aussehen. Außerdem gehen wir leicht davon aus, dass andere uns genauso im

Blick haben. Das heißt nicht, dass wir uns nur um uns selbst drehen oder arrogant sind. Es bedeutet vielmehr, dass unsere Weltsicht ein Produkt unserer eigenen Erfahrungen und Perspektiven ist und wir versuchen, die Gedanken und Handlungen anderer durch dieselbe Linse zu verstehen. Es kann schwierig sein, genau abzuschätzen, wie sehr oder wie wenig andere Menschen auf uns fokussiert sind.

Wir überschätzen, in welchem Ausmaß andere Leute auf unsere Handlungen achten, seien diese negativ oder positiv. Es besteht oft ein breiter Graben dazwischen, wie wir etwas sehen, was wir getan haben und wie andere Menschen es sehen. Wie die Forscher anmerkten:

> Ob wir ein brillantes Argument in einer Gruppendiskussion vorbringen, zu einem erfolgreichen Projekt beitragen oder einen perfekten Sprungwurf auf dem Basketballplatz ausführen, wir stellen manchmal fest, dass eine Leistung, die wir als außergewöhnlich und erinnerungswürdig wahrnehmen, bei anderen unbemerkt bleibt oder wenig Wertschätzung findet. Das Gleiche trifft auf Handlungen zu, die wir lieber vergessen würden, weil sie ein schlechtes Licht auf unsere Fertigkeiten oder unseren Charakter werfen. Diese haben möglicherweise auch weniger Auswirkungen auf unser Publikum, als wir glauben. Ein »offensichtlicher« sozialer Fehltritt bei einem ersten Date, ein peinlicher Stolperer, während man vorne in einer Schlange steht oder wenn man sich bei einer entscheidenden Stelle in einer vorbereiteten Rede verliest – das mag für uns alles mit Scham behaftet sein, und wir vergessen es nie, aber die meisten anderen Menschen bemerken es oft nicht einmal.[82]

Der Spotlight-Effekt verzerrt, wie wir beurteilen, welche Bedeutung wir für die Menschen um uns herum haben. Dadurch schätzen wir Situationen falsch ein und treffen Entscheidungen, die auf dem übersteigerten Gefühl basieren, für andere sichtbar zu sein.

Andere Menschen sind wie ich

Was dem Spotlight-Effekt weitere Nahrung gibt, ist unsere Neigung, zu überschätzen, in welchem Ausmaß andere unsere Glaubenssätze, Meinungen, Angewohnheiten oder Vorlieben teilen – eine weitere egozentrische Wahrnehmungsverzerrung, die man auch den »falschen Konsens-Effekt« nennt.[83] Weil wir uns auf unsere Gedanken konzentrieren, nehmen wir oft an, wie wir denken, sei auch die Norm für andere Menschen. Wir projizieren unser Denken auf andere und meinen letztlich, dass es mehr Zustimmung zu dem gibt, was wir sagen, glauben oder tun, als es tatsächlich der Fall ist. Darüber hinaus glauben wir, dass die Welt um uns herum uns genauso beurteilt, wie wir es selbst tun.

Diesen Glauben verstärkt die Tatsache, dass wir uns gerne mit Menschen umgeben, die unsere Einstellungen und Meinungen teilen. Wir setzen uns dem selektiv aus. Wir nutzen unsere Sozialkontakte, um zu bewerten, wie verbreitet diese Eigenschaften in der Allgemeinbevölkerung sind. Wenn wir uns umsehen, um festzustellen, was »normal« ist, stammt unser Feedback aus einer verzerrten Stichprobe. Das führt dazu, dass die meisten Menschen glauben, was sie denken und tun, ist verbreiteter, als es in Wahrheit zutrifft.

Es ist schwer, einen Anker zu verschieben

Der Spotlight-Effekt ist ein Beispiel für ein Phänomen, das man »Verankerung und Anpassung« nennt.[84] Der Begriff Ankereffekt wurde ursprünglich von Amos Tversky und Daniel Kahneman geprägt. Er beschreibt, dass Menschen sich auf die zuerst erhaltenen Informationen verlassen, um anschließend zu urteilen. Sie verankern ihre Entscheidung damit. In diesem Fall besteht die Information zu Beginn des Prozesses in ihrer subjektiven Erfahrung, dass das Spotlight auf ihnen ruht. Ihre Aufmerksamkeit liegt auf dem T-Shirt, das in einer sozialen Situation peinlich wirken könnte. Sie erkennen, dass nicht alle sich so sehr auf das T-Shirt fokussieren wie sie selbst – und passen sich an – ihnen fällt es aber schwer, sich weit genug vom Anker zu entfernen, um akkurat einzuschätzen, wie viel Aufmerksamkeit andere Personen ihnen schenken.

Tatsächlich ist es so, dass andere sich nicht so sehr auf Sie konzentrieren wie Sie selbst. Die anderen sind, genau wie Sie, auf sich selbst fokussiert. Sie fragen sich, ob *ihre* Frisur richtig sitzt; sie fragen sich, ob *Sie* derjenige sind, der über sie urteilt, weil sie zu spät zu einem Meeting kommen. Die anderen fragen sich, ob *Sie* ihre brillante Analyse beim Team-Call bewundert haben. Die anderen sind genauso der Mittelpunkt ihres eigenen Universums.

Sollten Sie nicht etwa ein Mitglied der Kardashian-Familie sein, werden vermutlich nicht alle Augen auf Ihnen ruhen, alle Sie beurteilen und so genau unter die Lupe nehmen, wie Sie sich das vorstellen.

Wenn das Spotlight tatsächlich auf Ihnen ruht

Natürlich ruht das Spotlight tatsächlich manchmal auf Ihnen. *Sie halten eine kreative Präsentation, um endlich den großen Kunden für sich zu gewinnen. Sie sitzen dem Chef eines Unternehmens gegenüber bei Ihrem fünften und letzten Vorstellungsgespräch für Ihren Traumjob. Sie setzen eine neue Strategie für den Vorstand um.*

Wir alle erleben Momente im Leben, die sich wie unser persönlicher Super Bowl oder World Cup anfühlen, wobei die Einsätze höher sind als normalerweise. Ich werde oft gefragt, ob es vom Standpunkt der Performance aus besser ist, wenn wir diese Augenblicke im Spotlight als den entscheidenden Moment sehen oder lieber nur als einen völlig normalen Moment in unserem Leben?

Meine Antwort? Beide Ansichten sind gerechtfertigt. Sie müssen nur die grundlegende Entscheidung treffen, welches Framing sich für Sie authentischer anfühlt und Ihnen die besten Erfolgschancen einräumt.

In gleicher Weise ist es wichtig – was oft übersehen wird –, vorher spezifisch psychologische Fertigkeiten einzuüben, egal welchen Ansatz man verfolgt. Der Vorteil, sich mental weiterzuentwickeln, besteht darin, dass Ihr internes Erleben nicht von der externen Umgebung bestimmt wird.

Wenn Sie dem Prinzip folgen, »das ist nur ein normaler Moment«, dann entwickeln Sie die psychologischen Praktiken, um dies zu verstärken. Beginnen Sie damit, Ihr ideales Mindset zu identifizieren. Machen Sie sich klar, wie Sie dabei am effektivsten mit sich selbst kommunizieren (Selbstgespräche) und wie Sie das richtige körperliche Ausmaß an Fokus und den optimalen Pegel an Aufregung erzielen. Das Ziel ist, sich so aufzustellen, dass Sie die volle Kontrolle über sich selbst haben. Sobald Sie das ideale Mindset gefunden haben, bemühen Sie sich darum, es zu verfeinern und auf Bedarf abrufen zu können, indem Sie kontinuierlich daran arbeiten, dieses Ideal zu erreichen. Sie können das ideale Mindset als Referenzpunkt und Ziel während mentaler Übungen nutzen. Dies beschränkt sich nicht auf eine bestimmte Umgebung. Jeder Moment des Lebens kann zu einer Chance werden, die eigenen mentalen Fähigkeiten weiterzuentwickeln.

Wenn Sie sich entscheiden, ein bestimmtes Ereignis als »den größten Moment in Ihrem Leben« zu behandeln, sollten Sie sich nicht nur in den mentalen Skills üben, sondern auch absichtlich stressige Szenarien schaffen, um sich dem anzunähern, wie dieser Augenblick sein wird. Momente, in denen viel auf dem Spiel steht und der Stresspegel steigt, werden erschaffen, durchlebt und wiederholt. Dabei legen Sie sich immer wieder Steine in den Weg, um Ihre Performance zu steigern. Der Übungszweck ist dabei, den Geist zu beruhigen, während der Körper angespannt ist. Auf diese Weise werden Sie sich mit der Zeit bei erhöhtem Stress besser fühlen.

Wir können nicht immer kontrollieren, was im Leben auf uns zukommt, aber wir können unsere Reaktion darauf steuern.

Von der Idee zur Tat

Dimmen Sie das Licht.

Einfach nur zu erkennen, dass die meisten Menschen sich in unterschiedlichem Ausmaß unter ihrem eigenen Spotlight durch die Welt bewegen – und sich nicht auf Sie fokussieren –, kann helfen, Ihr emotionales Programm zu überwinden und den Spotlight-Effekt zu mindern. Sobald Sie diesen Ansatz begreifen, werden Sie anders zu FOPO stehen.

Fragen Sie sich, ob Sie öfter andere beurteilen, oder mehr Zeit darüber nachdenken, wie andere Sie sehen. Vermutlich sind Sie mit Ihrer eigenen Welt mehr beschäftigt, und für andere Menschen ist es das Gleiche. Andere bemerken oft nicht einmal etwas, das uns über uns selbst in höchstem Maße bewusst ist, oder es interessiert sie nicht. Sie haben eigene Herausforderungen in puncto Arbeit, Familie, Kinder, Schule oder Gesundheit zu bewältigen. Sie sind nahezu irrelevant für die meisten Menschen, besonders für Fremde. Wenn jemand Sie beurteilt oder schief von der Seite ansieht, denken Sie daran: Derjenige kennt Sie nicht. Diese Person hat ihre eigenen Probleme.

Zur Übung können Sie die Rollen im Drehbuch vertauschen und darüber nachdenken, wie Sie sich fühlen würden, wenn Sie auf der anderen Seite einer bestimmten Erfahrung stünden. Suchen Sie sich zuerst einen Bereich aus, in dem bei Ihnen FOPO aufgetreten ist. Sie waren aufgrund Ihres Alters gehemmt, als Sie sich in einem Raum voller jüngerer oder älterer Menschen befanden. Sie meldeten sich bei einem Gruppen-Call zu Wort, aber schafften es nicht, herüberzubringen, was Sie sagen wollten. Sie fühlten sich von dem Drang überrumpelt, Ihre vergangenen Erfolge in eine Unterhaltung einfließen zu lassen, in der diese nicht hingehörten, und nach einer kurzen Pause stellte Ihnen jemand aus Höflichkeit eine Frage dazu, aber nicht etwa, weil er beeindruckt war. Als Nächstes könnten Sie sich überlegen, wann Sie jemand anders gesehen haben, der sich ebenso verhielt. Stellen Sie diese Person in das Spotlight des Augenblicks, und versetzen Sie sich selbst an die Stelle des Zuhörers oder Beobachters. Denken Sie überhaupt über das Alter der Person nach? Wenn ja, war es nur ein flüchtiger Gedanke? Hat es Ihnen wirklich etwas ausgemacht, dass die andere Person den Faden verloren hat? Haben Sie ein strenges Urteil über die Person gefällt, die mit vergangenen Erfolgen angegeben hat, oder war es vielleicht sogar interessant? Oder haben Sie es als nachvollziehbares menschliches Verhalten gesehen? Sie würden an solche Momente vermutlich keinen zweiten Gedanken verschwenden. Sie erschienen Ihnen wenig bemerkenswert, Sie würden sie vielleicht einfach vergessen. Fehltritte, die Ihnen schmerzlich bewusst sind, oder peinliche Momente in Gesellschaft fallen in die Kategorie der Dinge, die Sie sagen und tun. Meistens sind dies keine Momente, die andere ebenso empfinden oder an die sie sich erinnern.

Die meisten Menschen sind zu sehr in ihrem eigenen Leben befangen, um ständig auf die Handlungen und das Verhalten anderer zu achten. Dieses grelle Licht kommt nicht von einem Spotlight, das jemand auf Sie gerichtet hat; Sie richten das Spotlight auf sich selbst. Es ist an der Zeit, es zu dimmen.

8

Wissen wir wirklich, was jemand anderes denkt?

Nichts führt mehr in die Irre als eine offensichtliche Tatsache.

– ARTHUR CONAN DOYLE

Ich dachte das erste Mal über FOPO nach, als ich kurz vor dem Uniabschluss stand. Ich schickte mich an, meinen Abschluss in Psychologie mit dem Schwerpunkt auf Sportpsychologie zu machen. Mein Interesse galt den Qualitäten, die Menschen zu Höchstleistungen verhelfen, nicht dem, was sie zurückhält.

Mich interessierte, wie die Besten der Welt sich innerlich organisieren, um in Situationen, in denen viel auf dem Spiel steht, Leistung zu bringen. Wie konnte Charles Lindbergh alleine sein Flugzeug steuern, ohne ein Funkgerät oder einen Fallschirm und manchmal weniger als zehn Meter über den Wellen, und das für 34 Stunden, bis er den Atlantik überquert hatte? Was hat Jane Goodall die Kraft gegeben, die Geschlechterklischees zu überwinden, sich durchs Unbekannte zu schlagen und die Beziehung zwischen Menschen und Tieren neu zu definieren? Wie haben es Ernest Shackleton und seine Crew geschafft, fast zwei Jahre auf der

Endurance zu überleben, beim qualvollen Versuch, den Südpol zu erreichen?

Ich liebte mein Studiengebiet, aber das Stigma der traditionellen Psychologie haftete daran. Weniger als ein Jahrhundert zuvor hatte man noch Menschen eingesperrt, weil sie »verrückt« waren, und unsere Kultur hegte immer noch extrem negative Ansichten über das Thema psychische Gesundheit. Zu einem Psychologen zu gehen, wurde weithin als ein Zeichen moralischer oder charakterlicher Schwäche angesehen. Man glaubte, Psychologie drehe sich nur darum, eine malade psychische Gesundheit zu verbessern und nicht, bessere Leistungen zu bringen, in das eigene Wohlergehen zu investieren oder sich einfach weiterzuentwickeln. Die Regeln der traditionellen Psychologie hatten zu Fehleinschätzungen dieses Gebiets beigetragen. Psychologie war etwas, das man lieber nicht offen sichtbar präsentieren wollte. Ein Klient betritt einen ruhigen Zufluchtsort, in dem er seine innere Welt einem Profi offenlegt, der schwört, das Treffen oder die Beziehung niemals öffentlich zu machen. Wenn ein Klient den Psychologen außerhalb der Praxis trifft, sollte der Psychologe wie ein wortloser Geist an ihm vorüberschweben, außer der Klient spricht ihn an. Es war wie in *Fight Club*: Die erste Regel der Psychologie – sprich nicht über die Psychologie. Die Geheimniskrämerei, welche die Branche umgab, war unbeabsichtigt ein guter Nährboden für Scham.

In der Branche herrschten geschriebene und ungeschriebene Regeln, Konventionen und Praktiken, welche die beteiligten Personen, Gesetze und die Regierung durchsetzten. Ich sollte auf eine Art agieren, dass man zwischen den Zeilen lesen musste. Das wollte ich ändern, ich wollte der Psychologie einen würdigen Platz geben und sie aus dem Schatten holen. Aber ich sorgte mich, andere in meiner Branche könnten denken, ich verstoße gegen die althergebrachten Regeln. Also arbeitete ich nach dem Abschluss in den Randbereichen der Sportpsychologie. Ich arbeitete im Action- und Adventure-Sport (allgemein als Extremsport bekannt), ein Grenzbereich, in dem es so aussah, als stünden die Regeln noch nicht fest.

Ich hatte das Glück, beauftragt zu werden, um mit den besten MMA-Kämpfern (MMA: Mixed Martial Arts) zu arbeiten. Nach einem fünf Monate dauernden Trainingscamp stand unsere letzte Trainingssession an, und das Team stieg in den Flieger nach Las Vegas. Wir kamen drei Tage vor dem Event an, um am Wiegen teilzunehmen, Interviews zu geben und vor Ort zu trainieren.

Am Abend des Wettkampfes gingen der Kämpfer, sein Trainer und ich in der Umkleidekabine den gesamten Ablauf vor dem Kampf durch: körperliches Aufwärmen sowie technisches und mentales Warm-up. Bei Letzterem bringt sich der Kämpfer in den richtigen Zustand, verankert sein Ziel und »aktiviert« sein ideales Mindset für den Wettkampf, bevor er die Arena betritt.

Der Gang zum Käfig kann einen Kämpfer entgleisen lassen. Das Spotlight scheint grell, die Musik dröhnt auf voller Lautstärke. Das Brüllen der Menge lässt die Haare im Nacken zu Berge stehen. Fast 20 000 Menschen im Stadion wollen Blut sehen (und Millionen zu Hause vor dem Fernseher). Die Kämpfer stehen kurz vor einem konfliktträchtigen Moment, einem buchstäblichen Schlachtfeld, und die Energie der Masse ist frenetisch. Sich vor dem Kampf zu fürchten, ist nicht ungewöhnlich, trotz des Selbstvertrauens und Muts, den die Kämpfer ausstrahlen. In einen Stahlkäfig zu steigen, mit den besten Kämpfern auf dem Planeten, die einen mit Gewalt zum Aufgeben bringen wollen, kann die Nerven durcheinanderrütteln.

Für Weltklassesportler sind die Details wichtig. Wir haben nicht nur den Gang zum Käfig in der leeren Arena dreimal wiederholt, wir hatten auch in den Monaten vor dem Kampf mentale Bilder dieses Gangs erstellt. Um diese Bilder zu nutzen, aktiviert ein Sportler alle fünf Sinne, um einzuüben, wie er oder sie sich fühlen und welche Leistung er oder sie erbringen will. Dazu gehört nicht nur das, was im Käfig passiert, sondern es zählen auch die Momente davor. Wie er sich beim Warm-up im Vorbereitungsraum fühlen will. Wie er sich fühlen will, wenn das Kamerateam und die Security dazukommen, während sie auf das grüne Licht warten, um den Raum zu verlassen und die Arena zu betreten. Welche Haltung er einnehmen will, sobald er die rhythmischen Gesänge, das Schreien, Buhen und Jubeln hört, wenn er die Arena betritt.

Unser Team hatte sich für diesen Moment vorbereitet. Wir haben sogar die Umarmungen und Handschläge geübt, bevor er zum Käfig hinaufgeht. Was wir nicht übten, war, wo die Trainer nach der Umarmung hingehen.

Am Abend des Kampfes lief der Gang zum Käfig genau wie geplant. Als wir das Oktagon erreichten, trennten sich unsere Wege von dem des Kämpfers, und der technische Koordinator des Events dirigierte uns zu unseren Trainerplätzen, wobei wir an den Kameras vorbeigingen.

Als die Glocke erklang, hielt sich der Kämpfer an den Plan, den er wiederholt visualisiert hatte. Er bewegte sich kaum, um Energie zu sparen. Er wechselte öfter die Schlagtaktik, damit sein Gegner, der mehr Erfahrung hatte, kein Muster in seinen Bewegungen erkennen konnte. Er blieb ungewöhnlich ruhig angesichts seines Gegners, der zunehmend aufgeregter war. Mit dem Sieg über den Gegner, welcher der überragende Favorit gewesen war, machte er sich einen Namen in diesem Sport. Unser Team war ekstatisch.

Monate harter Arbeit hatten sich bezahlt gemacht. Ich war vom normalen Pfad der Sportpsychologen abgewichen, als ich die

Arbeit in der Welt der MMA begann. Sie erwies sich als ein wunderbares Labor, um zu verstehen, wie der Verstand unter Druck arbeitet. Es gibt wenig Spielraum für Fehler in einer feindlichen Umgebung, in der die mentalen Skills – Ruhe, Selbstvertrauen, Fokus, Aufmerksamkeit – eines Menschen, der Leistung bringen soll, messerscharf sein müssen, wenn der Kämpfer nicht einen hohen Preis bezahlen will. Ich feierte im Stillen während der Autofahrt vom Kampf nach Hause, als mein Mentor mich anrief. Die ersten Worte aus seinem Mund waren: »Gervais, was hast du da eigentlich im Fernsehen gemacht, als du hinter dem Sportler hergelaufen bist?«

Seine Worte trafen mich wie ein Schulbus und bestätigten meine schlimmsten Ängste. Er war eine respektierte Persönlichkeit, hochgeschätzt in unserer Branche und ließ mich wissen, dass die Psychologie hinter geschlossene Türen gehört. Mir war es peinlich, dass er dachte, ich tue etwas, das sich in unserer Branche nicht schickt. Im Bruchteil einer Sekunde war meine Siegesstimmung dahin, und ich wollte mich in ein Loch verkriechen.

Ich rief Lisa an, als ich zum Hotel zurückkam, um den Kopf freizubekommen. Lisa war schon auf der Highschool meine große Liebe, und wir waren damals seit zehn Jahren verheiratet. Ihre Vorfahren stammen aus Kuba und El Salvador, sie ist geradeheraus – sagt einem ungeschönt die Wahrheit – und stets meine erste Anlaufstelle, wenn mich jemand auf den Boden der Tatsachen zurückholen soll. Sie sagte drei Worte: »Scheiß auf den.«

Der Paradigmenwechsel

Ihr Rat half mir, mich aus diesem Loch wieder zu befreien, aber die Meinung meines Mentors hallte noch jahrelang nach. Ich achtete darauf, fast ein Jahrzehnt lang nicht mehr in den Medien zu erscheinen. Ich wollte nicht den Eindruck erwecken, mich zu wichtig zu nehmen.

Nach und nach interessierten sich die Medien immer mehr für die Psyche und all die Möglichkeiten des Storytellings, die sich dadurch auftaten. Das war einleuchtend. Auf dem Eliteniveau wird das Spiel in vielen Sportarten mit dem Kopf entschieden. Die hauchdünnen Unterschiede zwischen Sieg und Niederlage stammen häufig nicht daher, wie gut ein Athlet darin ist, seinen Verstand einzusetzen. Der Körper ist nur eine Erweiterung dessen, was jemand mental erreichen kann.

Ich arbeitete an einigen Projekten, über welche die Medien berichteten, was mir aufzeigte, wie sehr die öffentliche Debatte dazu dienen kann, die Psychologie zu entstigmatisieren und zu fördern. Ich unterstützte den österreichischen Fallschirmspringer Felix Baumgartner beim Red Bull Stratos Projekt, als er aus einer Druckkapsel in über 38 Kilometer Höhe über dem Erdboden mit dem Fallschirm absprang und zum ersten Menschen wurde, der ohne mechanische Hilfsmittel die Schallmauer durchbrach.

Ich arbeitete als erster Psychologe, der voll in die Organisation integriert war, mit den Seattle Seahawks zusammen und an der Seitenlinie der NFL. Neun Jahre half ich Trainer Pete Carroll, eine beziehungsbasierte Kultur einzuführen und mentales Training zum Teil der DNA der Organisation zu machen.

Kerri Walsh Jennings und Misty May-Treanor sprachen offen über unser Mindset-Training, als sie zu den ersten Beachvolleyballspielerinnen avancierten, die in drei aufeinanderfolgenden Olympischen Spielen Gold gewannen.

Später publizierte ich den *Finding Mastery* Podcast mit Fokus auf Psychologie. Jede Woche thematisiere ich darin, wie das psycholgische Rüstzeug und die mentalen Skills von Personen funktionieren, die antreten, um Höchstleistungen zu erbringen.

Ich erhielt enorm viel Unterstützung von Kollegen, weil ich den Vorhang zur Seite geschoben hatte, hinter dem die Psychologie sich verbarg. Sicher gab es auch die Hüter der Branche, die so weitermachen wollten wie gewohnt, aber mir wurde klar, dass ich meine Angst vor allem auf andere projiziert hatte. In Wahrheit folgte ich meinem eigenen inneren Monolog und meinen Ansichten darüber, gegen die Konventionen zu verstoßen. Wer war ich schon, dass ich die Weisheit derjenigen infrage stellte, die vor mir kamen?

Ich hatte Jahre zuvor geschworen, sollte ich jemals meinem Mentor wieder begegnen, würde ich herausfinden, was er mit seinen Kommentaren nach dem Kampf gemeint hatte. Ich hatte dieser Meinung so viel Gewicht beigemessen. Für mich war er die Stimme der psychologischen Autorität. Er war derjenige, der die Steintafeln vom Berg hinabgetragen hatte. Was genau hatte er gemeint? War es seine Absicht gewesen, mich auf meinen Platz zu verweisen? Sah er sich wirklich als der Hüter der Tradition in der Psychologie? Glaubte er, ich habe meine Grenzen überschritten? Projizierte er seinen eigenen inneren Konflikt auf mich?

Dann passierte es. Der Moment kam. Ich hatte gerade eine Rede bei einer wichtigen Konferenz beendet, ließ das Podium hinter mir und sah ihn am Rand der ersten Reihe sitzen. Allein. Wir sahen uns in die Augen. Ich dachte mir, *Das ist die Gelegenheit, genauer zu erfahren, was er vor zehn Jahren gemeint und wieso er es gesagt hat.* Als ich mich mit einigen Leuten aus dem Publikum nach dem Event traf, sahen wir uns erneut in die Augen, aber er blieb sitzen, wo er war. Mir kam der Gedanke: *Er will, dass ich zu ihm rübergehe.* Schließlich lichtete sich die Menge. Als ich auf ihn zuging, sah er kleiner aus, als ich ihn in Erinnerung hatte. Nahezu gebrechlich. Er trug Bart, Brille und ein Herringbone-Tweed-Jackett – als hätte man ihn für eine Filmrolle als Psychologe des 19. Jahrhunderts besetzt.

Als wir uns gegenüber standen, war all die Angst, die ich vor seiner Meinung vor Jahren gehabt hatte, verschwunden. In diesem Moment war es mir egal. Es schien lächerlich, dass ich es so lang mit mir herumgeschleppt hatte. Wir redeten ein paar Minuten über die Herausforderungen des Psychologiebereichs, schüttelten uns die Hände und trennten uns.

Ich hatte all die Jahre seine angebliche Meinung mit mir herumgetragen. Sie hatte beeinflusst, ob ich Karriereentscheidungen getroffen oder nicht und welche Chancen ich genutzt oder nicht genutzt hatte. Warum? Wegen einer Meinung, die vielleicht nicht einmal seine tatsächliche Ansicht gewesen war.

Abblocken oder erkunden?

Die Meinung meines Mentors über ein Jahrzehnt vorher schien mir damals so deutlich gewesen zu sein. *Gervais, die Psychologie ist eine private Angelegenheit und gehört hinter verschlossene Türen. Du brichst ungeschriebene Regeln. Das steht dir nicht zu.*

Ich werde nie wirklich wissen, was er gedacht hat, und es spielt keine Rolle. Was eine Rolle spielte, war, was ich daraus gemacht hatte. Mir fehlte jede Neugier auf das, was er sagte. Ich *wusste*, was er sagte. Ich war mir *sicher*, das war, was er meinte. Seine Worte durchfuhren mich wie ein Stromstoß. Ich reagierte. Ich verteidigte mich nicht, aber nahm eine defensive Haltung ein. Ich schützte mich selbst, indem ich es herunterspielte, auf Nummer sicher spielte, mir schwor, mich nicht wieder einer derartigen Kritik auszusetzen.

Nach unserem Handschlag überlegte ich, wieso seine Reaktion eine solche Wirkung auf mich gehabt hatte. Wieso war mir seine Meinung so wichtig? Wieso ließ ich mir von einem externen Ereignis mein internes Erleben diktieren? Was konnte ich daraus über mein Innenleben lernen?

Seit dem frühen Tagen auf dem Graduiertenkolleg hatte ich den Spagat vollzogen zwischen dem Pfad, den ich verfolgen wollte, und dem Pfad, dem ich folgen sollte; voller Warnschilder, Regeln und Traditionen. Ich wusste nicht, wie ich diese Quadratur des Kreises vollziehen sollte. Es war wie ein Zen-Koan: Wie kann ich nach den Regeln spielen und sie gleichzeitig brechen?

Die Reaktion meines Mentors löste etwas in mir aus, das ich lange mit mir herumgetragen hatte. Ich hatte mich gefürchtet, was andere dächten, wenn ich auf dem Gebiet der Psychologie gegen den Strom schwamm. Ich hegte dieses wirkungsvolle innerliche Narrativ darüber, was »sie« – eine nebulös umrissene Gruppe von Menschen, die in meinem gewählten Fachgebiet über Macht verfügten – sagen würden, wenn ich mich nicht den Regeln fügte. Ein Einstein-Zitat ging mir als Endlosschleife durch den Kopf: »Eine Frage raubt mir den Verstand: Bin ich verrückt oder sind es die anderen?« Als mein Mentor sich nach dem Kampf äußerte, kamen seine Worte einfach so heraus, aber ich habe ihnen Bedeutung, Gewicht und meine eigene Interpretation gegeben. Seine Kritik darüber, dass ich im Hintergrund stand, als der Kämpfer den Ring betrat, trieb eine Überzeugung an, die ich bereits hatte.

Mein Mentor betrat direkt die Bühne der Geschichte, die sich bereits in meinem Kopf abspielte.

Eine bestimmte Kompetenz, aber keine Superkraft

Menschliche Wesen haben die einzigartige kognitive Kapazität, über ihren eigenen Verstand und den anderer reflektieren zu können. Wir sind in der Lage, Vermutungen über den mentalen Zustand anderer anzustellen – was sie beabsichtigen, denken, fühlen und glauben – und nutzen diese, um »Verhalten zu verstehen und vorherzusagen«. Das tun wir den ganzen Tag fast reflexhaft in jeder sozialen Interaktion.

Unsere Fähigkeit, zu vermuten, was andere denken, ist die Basis unserer sozialen Interaktionen – eine wichtige soziale Kompetenz, welche die meisten Menschen in der frühen Kindheit entwickeln. Ziv Williams, MD, Associate Professor für Neurochirurgie an der Harvard Medical School, meint dazu: »Wenn wir interagieren, müssen wir in der Lage sein, Vorhersagen über die unausgesprochenen Absichten und Gedanken einer anderen Person zu treffen. Diese Fertigkeit macht es erforderlich, ein mentales Bild der Glaubenssätze einer anderen Person anzufertigen, und dafür müssen wir anerkennen, dass diese Glaubenssätze sich von unseren eigenen unterscheiden können und entscheiden, ob sie wahr oder falsch sind.«[85]

Wir sind alle Gedankenleser, manche besser als andere, aber sind wir auch gut darin, zu ergründen, was im Kopf anderer Menschen vorgeht?[86] Dazu haben Professor Nicholas Epley, PhD, von der University of Chicago und seine Kollegen ein simples Experiment entworfen.

Epley teilte Liebespaare auf separate Zimmer auf. Ein Partner erhielt eine Reihe von 20 Aussagen, um auf einer Skala von 1 (stimmte gar nicht überein) bis 7 (stimmte sehr stark überein) zu bewerten, inwiefern er diesen zustimmte.[87] Dazu gehörten Sätze wie: »Wenn ich mein Leben noch einmal leben müsste, würde ich sicher vieles anders machen«, »Ich würde gerne ein Jahr in London oder Paris verbringen« und »Ich würde lieber einen ruhigen Abend zu Hause verbringen, als auf eine Party zu gehen«. Im Zimmer nebenan sagte der andere Partner voraus, wie die Antworten ausfallen würden. Diese Person musste auch schätzen, wie viele Antworten er glaubte, korrekt vorhersagen zu können.

Die Paare waren bis dato im Durchschnitt 10,3 Jahre zusammen gewesen, ein Zeitraum, nach dem man in einer Beziehung langsam die Sätze des anderen beenden kann. 85 Prozent waren verheiratet. Man ging davon aus, dass die Partner in der Lage waren, die Gedanken des jeweils anderen besser lesen zu können als die von Fremden. Wenn nicht, würde die Heimfahrt vielleicht sehr lang dauern.

Wie vorher angenommen, konnten diese Testpersonen die Gedanken und Gefühle des anderen besser vorhersagen, als zufällige Schätzungen ergeben hätten – aber nicht beachtlich. Wahllos zu raten, hätte 2,85 richtige Antworten bewerkstelligt, wohingegen die Partner 4,9 der 20 Fragen korrekt beantworteten.

Noch enthüllender als ihre Fähigkeit, exakt Gedanken lesen zu können, war der Unterschied zwischen der wahrgenommenen Kompetenz, die Gedanken des Partners genau ergründen zu können, im Vergleich dazu, wie sie es tatsächlich vermochten. Auch wenn sie durchschnittlich 4,9 der Fragen richtig beantworteten, glaubten sie, sie könnten 12,6 der 20 Fragen korrekt vorhersagen. Mit anderen Worten meinen wir, dass wir viel besser darin sind, zu wissen, was im Inneren des Kopfes einer anderen Person vorgeht, als es tatsächlich der Fall ist. Mit Epleys Worten: »Das Problem ist, dass wir diesem Gespür viel mehr vertrauen, als es durch unsere tatsächliche Fähigkeit gerechtfertigt ist, und das Vertrauen, das wir in unser Urteilsvermögen setzen, verleiht uns selten ein gutes Gespür dafür, wie akkurat wir tatsächlich sind.«[88]

Epleys Experiment zeigt, wie wenig ausgeprägt unsere Fähigkeit, Gedanken zu lesen tatsächlich ist. Und schließlich waren die Leute, die er aufforderte, die Gedanken anderer zu erraten, keine Fremden. Er rekrutierte Paare – Menschen, die Jahre ihres Lebens miteinander verbracht hatten. Menschen, denen die intimsten Details des Partners vertraut waren.

Wenn wir nur in solch geringem Maße vorhersagen können, was diejenigen denken, die uns am nächsten stehen, stellen Sie sich vor, wie schlecht wir ahnen können, was unsere Freunde, Chefs, Kollegen, Mentoren und Fremde über uns denken.

Der Punkt ist, dass wir viel Zeit und mentale Ressourcen verschwenden, wie besessen über Dinge zu grübeln, bei denen wir vermutlich falschliegen. Da ich mit Menschen zusammenarbeite, die Höchstleistungen erbringen, kann ich sagen, dass ich nie auf jemanden gestoßen bin, der beim Gedankenlesen enorm viel erreicht hätte. In Wahrheit sind wir alle schlecht darin.

Der allzu verbreitete Glaube, wir *wüssten*, was jemand anderes denkt und was derjenige über uns denkt, ist oft das Streichholz, welches das FOPO-Feuer entzündet. Wir handeln aufgrund unserer eigenen Gedanken oder reagieren darauf, ob sie stimmen oder nicht. Wir sind sicher, zu wissen, was jemand von uns hält, aber wenn er dies nicht tatsächlich ausdrückt, ist unser »Wissen« bestenfalls Spekulation. Häufig basteln wir uns aus unseren Gedanken einfach eine Story zusammen, die der Welt in diesem Augenblick einen Sinn gibt. Es ist schlicht nur die Interpretation dieser Erfahrung. Und diese Interaktion ist oftmals fehlgeleitet, verzerrt oder einfach falsch. Mit den Worten des Psychologen und Nobelpreisgewinners Daniel Kahneman: »Wir vertrauen im Allgemeinen zu sehr unseren Meinungen, Eindrücken und Werturteilen. Wir überschätzen, inwieweit die Welt verstehbar ist.«[89]

Lieber fragen statt raten

Oder vielleicht müssen wir uns einfach nur in die sprichwörtlichen Schuhe einer anderen Person versetzen, um zu verstehen, was in deren Gedanken vor sich geht. Epley leitete eine Reihe von Experimenten gemeinsam mit Mary Steffel, PhD, und Tal Eyal, um zu prüfen, ob wir die Gedanken, Gefühle, Einstellungen oder anderen mentalen Zustände einer Person besser vorhersagen können, wenn wir deren Perspektive einnehmen.[90] Dale Carnegie ermutigte Leser zu dieser Strategie in seinem klassischen Motivationsbuch von 1935, *Wie man Freunde gewinnt und Menschen beeinflusst.*[91] Sein achtes Prinzip lautet: »Versuchen Sie aufrichtig, die Dinge vom Standpunkt der anderen Person aus zu sehen.« Es wirkt wie gesunder Menschenverstand, dass wir besser begreifen, was im Kopf einer anderen Person vorgeht, wenn wir uns aufrichtig deren psychologische Perspektive vorstellen.

Nun, nicht unbedingt.

Die Ergebnisse der Experimente belegten nicht, dass wir die Gedanken anderer besser lesen können, wenn wir aktiv die Perspektive eines anderen in Betracht ziehen. »Wenn überhaupt, verringerte es die Genauigkeit insgesamt, wenn man die Perspektive eines anderen einnahm, während es gelegentlich das Vertrauen in dieses Urteil steigerte.«[92]

Was steht uns wirklich im Weg, wenn wir versuchen, die Gedanken einer anderen Person zu ergründen? Was hindert uns daran, tatsächlich die Meinungen anderer zu ergründen und die Absicht und Bedeutung ihrer Worte intuitiv zu erfassen? Wir versuchen, das komplizierteste und anpassungsfähigste System des Universums zu dechiffrieren. Wir besitzen in unseren menschlichen Gehirnen geschätzte 86 Milliarden Neuronen. Jedes Neuron kann über Synapsen direkt mit 1000 bis 10 000 anderen Neuronen verbunden sein, laut V. S. Ramachandran, Neurowissenschaftler und Direktor des Center for Brain and Cognition an der University of California in San Diego.[93]

Angesichts der Komplexität des menschlichen Verstands gibt es eine hilfreiche Strategie, um zu ergründen, was im Verstand einer anderen Person vorgeht, wie Eyal, Steffel und Epley in ihrer Studie aufzeigten.

Nachfragen.

Statt die Perspektive eines anderen einzunehmen, fragen Sie ihn einfach. Die genauesten Einsichten über die Gedanken, Worte, Glaubenssätze und Meinungen einer anderen Person erhält man, wenn man sie bittet, zu beschreiben, »was in ihrem Verstand vorgeht, in einem Kontext, in dem sie davon ehrlich und akkurat berichten können«.[94]

Wenn Sie sich fragen, welche Meinung jemand vertritt, hören Sie auf zu raten, fragen Sie direkt und hören Sie zu.

Ich hätte vor vielen Jahre in der Situation mit meinem Mentor von dieser Einsicht profitieren können. Wenn ich ihn damals direkt nach seiner Meinung gefragt hätte, statt einfach meine Interpretation als richtig anzunehmen, hätte ich es gut nutzen können. Ich wäre nicht unbedingt der Wahrheit seiner Erfahrung nähergekommen, aber ich hätte die Wahrheit meiner eigenen besser verstehen können. Wie wir die Meinung eines anderen interpretieren, sagt oft mehr über uns als über den Menschen aus, der sich äußert. Aber das merken wir nicht. Unsere Interpretation wird zur »Wahrheit«, und damit hören wir auf, neugierig zu sein. Wir werden von unserem Narrativ mitgerissen und fokussieren uns auf den Antagonisten der Geschichte statt auf uns selbst.

Indem ich meinen Mentor direkt gefragt hätte, hätte ich seine Gedanken und Gefühle vollständiger und genauer erfasst. Dies hätte mir vielleicht ermöglicht, nicht nur weiter einfach eine Beziehung zu ihm zu haben, sondern eine tiefere aufzubauen, als diese bis zu diesem Punkt gewesen war. Wenn ich etwas nachgebohrt hätte, hätte ich vielleicht entdeckt, dass auch er die Psychologie gerne entstigmatisiert und die damit verbundene Scham beseitigt hätte. Wer weiß? Alles ist möglich. Sicher ist aber, dass meine Reaktion (die Verbindung zu kappen) jede Möglichkeit ausräumte, die Beziehung weiter aufrechtzuerhalten.

Noch bedeutender war vielleicht, dass ich mich selbst besser hätte verstehen können, wenn ich mich tiefgehender mit ihm unterhalten hätte. Statt meine Gefühle hintanzustellen und meine Aufmerksamkeit auf die seinen zu richten, wäre es eine Chance gewesen, meine eigenen komplizierten Vorstellungen über die mir bevorstehende Karriere zu analysieren, ans Licht zu bringen und auszudrücken. Uns einfach einmal einzubringen, ist ein Mittel gegen FOPO, denn Passivität und Projektion treiben FOPO an.

Die Meinungen anderer haben nur in dem Maß Macht über uns, insofern wir ihnen diese Macht gewähren. An diesem Abend vor langer Zeit in Las Vegas gab ich der Ansicht meines Mentors zu viel Macht über mich. Ich hätte einen anderen Pfad einschlagen können – und der begann mit einer einfachen Frage.

Von der Idee zur Tat

Wenn Sie testen wollen, wie gut Sie als Gedankenleser sind, versuchen Sie folgende Übung. Fragen Sie einen Partner, Freund oder Vorgesetzten (wenn Sie wirklich für etwas Spannung sorgen wollen), ob Sie ein paar Minuten lang versuchen dürfen, dessen Gedanken zu lesen.

Schnappen Sie sich ein Blatt und einen Stift, und wir widmen uns der aufregenden Welt des Gedankenlesens. Das funktioniert so:

1. Bereiten Sie die Bühne: Machen Sie es sich bequem und stellen Sie ein Objekt zwischen sich. Das kann alles Mögliche sein – ein Handy, eine Kerze, ein Schlüsselbund –, einfach ein alltäglicher Gegenstand, der tatsächlich als Stimulus dient, um die Aufmerksamkeit abzulenken. Wenn Sie die Rolle des Hellsehers spielen wollen, gehört etwas Show dazu.

2. Wählen Sie den Stil, mit dem Sie Gedanken lesen wollen: Überlegen Sie, wie Sie Ihre hellseherischen Fähigkeiten aktivieren wollen. Sie können zum Beispiel die Augen schließen und sich in einen tiefen Zustand der Konzentration versetzen oder die Augen offenlassen, jeden kleinen Hinweis und Ausdruck der anderen Person beobachten. Finden Sie heraus, was für Sie am besten funktioniert.

3. Der Gedanke und der Eindruck: Bitten Sie die andere Person, sich auf einen bestimmten Gedanken zu konzentrieren und ihn auf ein Blatt Papier zu schreiben. Das kann etwas Beliebiges sein, das dem anderen einfällt – Worte, Bilder oder sogar eine Erinnerung. Ermutigen Sie Ihr Gegenüber, die Tiefen der eigenen Fantasie zu erforschen. Als Nächstes bitten Sie darum, dass derjenige sich eine Meinung oder Vorstellung über Sie einfallen lässt und diese ebenfalls aufschreibt. Das wird Ihre Fähigkeit, Gedanken zu lesen, auf persönlicher Ebene herausfordern.

4. Entfesseln Sie den Hellseher in sich: Jetzt kommt der Moment, Ihre Fähigkeit zum Gedankenlesen zu beweisen. Erzählen Sie der anderen Person, was Sie glauben, was ihr erster Gedanke war und die Meinung, die sie über Sie gefasst hat. Drücken Sie Ihre Einsichten und Wahrnehmung klar und überzeugt aus.

5. Vergleichen Sie: Schließlich können Sie das, was Sie wahrgenommen haben, mit dem vergleichen, was tatsächlich im Kopf der anderen Person vorging. Wie gut waren Sie darin, die Geheimnisse des Verstands Ihres Gegenübers zu entschlüsseln? Sind Sie bereit, Ihren Job zu kündigen und Ihr eigenes Geschäft zu eröffnen?

Nun, wir alle probieren es in unterschiedlichem Ausmaß, Gedanken zu lesen. Wir versuchen stets, zu ergründen, was andere Menschen über uns denken. Wir nehmen jedes Wort, jeden Tonfall und Gesichtsausdruck, jede Haltung, Handlung und Entscheidung unter die Lupe, um nach Hinweisen zu suchen. Um die Herausforderung noch zu vergrößern, sind andere sich ebenfalls bewusst, dass dies im Hintergrund geschieht, und versuchen unsere Eindrücke zu kontrollieren oder zu beeinflussen. Ein geheimes Spiel von Täuschung, Entdeckung und falschen Offenbarungen.[95]

Die Fähigkeit, über die Gedanken anderer nachzudenken, ist ein Teil dessen, was uns zu zutiefst sozialen Wesen macht. Aber sind wir wirklich gut darin? Nicht besonders. Sicherlich nicht bis zu dem Punkt, dass wir Lebensentscheidungen und Strategien auf das gründen sollten, was wir durch Intuition in den Gedanken anderer zu erkennen glauben. Fragen Sie einfach.

9

Wir sehen die Dinge, so wie ~~sie~~ wir sind

Menschen sind besonders gut darin, alle neuen Information so zu interpretieren, dass ihre vorherigen Schlussfolgerungen nicht infrage gestellt werden.

– WARREN BUFFETT

2015 ging Cecilia Bleasdale in einem kleinen Dorf in Lancashire, England, einkaufen, um ein Kleid für die Hochzeit ihrer Tochter zu kaufen. Sie fotografierte das Kleid, das sie für 50 Pfund gekauft hatte, und zwei andere Kleider, die ihr gefielen, und schickte die Fotos ihrer Tochter. Ihre Tochter fragte, ob sie das »weiße und goldene« gekauft hatte. Nein, antwortete ihre Mutter, »es ist blau und schwarz«. »Mama«, sagte die Tochter, »wenn du glaubst, das sei blau und schwarz, dann musst du mal zum Arzt.«[96]

Ihre Tochter teilte das Foto auf Facebook. Zwei Wochen später ging die Hochzeit in Schottland reibungslos über die Bühne, und das Kleid von Cecilia erregte wenig Aufmerksamkeit. Aber eine Freundin ihrer Tochter, Caitlin McNeill, bekam das Foto nicht aus dem Kopf, postete es auf Tumblr und bat um Hilfe, die Farben des Kleides zu identifizieren. Am nächsten Tag explodierte das Internet aufgrund des Interesses, und der Beitrag ging viral. Kanye West, Kim Kardashian und Taylor Swift brachten sich alle in die Debatte ein. Ein Technikerteam musste dazu geholt werden, damit die Server von Buzzfeed nicht zusammenbrachen.[97] Cecilia wurde in die *Ellen DeGeneres Show* eingeladen. Das Kleid wurde zum globalen Gesprächsthema, an dem sich auch die Wissenschaft beteiligte. Wieso sah die Welt ein Kleid einmal so und einmal völlig anders?

Wahrnehmung ist nicht passiv

Die Neurowissenschaften lieferten letztlich die Antwort: Wahrnehmung ist idiosynkratisch.

Wie jemand die Farbe des Kleides sieht, hängt von *Annahmen* seines Gehirns über das Licht, welches das Kleid umgibt, und die Beleuchtung des Kleides ab.[98] Wir können anhand des Fotos nicht sagen, ob das Kleid im Schatten vor einem hell erleuchteten Hintergrund ist, oder ob der gesamte Raum hell erleuchtet ist und die Farben ausgewaschen wirken. Wenn solche Fakten unbekannt sind, erstellt unser Gehirn Hypothesen und Ableitungen, um die Lücken zu füllen. Was wir als unsere bewusste Realität empfinden, ist die Folge solcher Ableitungen. Unsere Schlussfolgerungen basieren auf einer Annahme. Einem Glaubenssatz.

Dieses Prinzip gilt nicht nur für die visuelle Wahrnehmung.

Wir neigen dazu, den Prozess der Wahrnehmung als die Aufnahme von Sinneseindrücken zu sehen, die wir dann zusammensetzen, um den betrachteten Gegenstand zu erkennen. Das nennt man Bottom-up-Processing. Wir beginnen ohne eine Vorstellung dessen, was wir anschauen, und geben den Informationen, die wir durch unsere Sinne aufnehmen, einen Sinn. Die Wahrnehmung ist dann die Richtlinie für unser kognitives Verstehen. Stellen Sie sich zum Beispiel vor, man würde Ihnen ein Puzzle geben, ohne dass Sie den Deckel der Packung sehen, um zu wissen, wie das fertige Puzzle aussehen soll.[99] Sie sehen sich jedes Teil an und beginnen dann damit, die Teile zusammenzusetzen, und erkennen langsam, wie das Bild Form annimmt.

In Wahrheit nimmt das Gehirn aber nicht nur passiv die Wirklichkeit wahr. Es erschafft die Realität durch den Filter unserer Vorannahmen. Wir nutzen den Kontext, vorherige Erfahrungen, Wissen und Erwartung, um neue Informationen zu interpretieren.

Von Kindesbeinen an baut das Gehirn ein simuliertes Bild oder Modell der Welt auf, in der es sich zurechtfinden muss.[100] Das Gehirn ist kein großer Fan des Unerwarteten, also sagt es aufgrund unserer mentalen Modelle vorher, was passieren wird. Diese Vorhersagen werden zu entscheidenden Filtern dafür, wie wir die Welt um uns herum erfahren. Die Informationen steigen nicht von unten nach oben, sondern der Top-down-Prozess der Vorhersage ist ein Filter, der unsere unmittelbare Erfahrung beeinflusst. Wir nehmen unser Leben so wahr, wie wir das Kleid von Cecilia Bleasdale sehen, durch einen interpretativen Prozess, der auf den Glaubenssätzen unseres mentalen Modells der Welt beruht.

Wahrnehmung ist ein konstruktiver Prozess, und unsere Konstruktionen interpretieren die Realität oft falsch. Wir sehen Dinge wie das Kleid von Cecilia anders, als sie tatsächlich sind. Wir sehen den Gorilla nicht, der durch eine Gruppe von Basketballspielern läuft, wie bei Daniel Simons' berühmtem Experiment über Blindheit durch Unaufmerksamkeit.[101] Wir sehen den Mond am Horizont größer, als wenn er hoch am Himmel steht, obwohl er dieselbe Größe hat. Oft »nehmen wir nur wahr, was wir erwarten und nicht das, was tatsächlich da ist.« Der Psychologieprofessor James Alcock von der York University schreibt: »Unsere Gedanken und Gefühle, unsere Handlungen und Reaktionen, reagieren nicht auf die Welt, wie sie tatsächlich ist – denn wir erfahren die Welt nie direkt –, sondern auf die Welt, wie wir glauben, dass sie ist.«[102]

Die Filter

In ähnlicher Weise hängt unsere Sichtweise und Interpretation der Meinung anderer Menschen völlig von unseren Glaubenssätzen und Wahrnehmungsverzerrungen ab. Um Alcock zu paraphrasieren, ist es in den meisten Fällen so, dass wir nicht auf die Meinungen anderer reagieren und antworten, wie sie tatsächlich sind, denn wir wissen nicht, was im Kopf eines anderen Menschen vorgeht. Stattdessen reagieren wir aufgrund dessen, was wir über die Ansichten anderer glauben. Unsere Glaubenssätze dienen als Filter, durch die wir die Meinungen anderer interpretieren.

Um zu verstehen, inwiefern unsere Glaubenssätze auch FOPO vorantreiben, müssen wir erkennen, dass FOPO ein *präemptiver* Prozess ist. Um in Beziehungen mehr Akzeptanz zu erfahren und Ablehnung zu vermeiden, versuchen wir, vorauszuahnen, was jemand anderes über uns denkt. Wir durchsuchen ständig unsere soziale Umgebung nach Informationen, die entweder auf eine Bedrohung oder eine Chance hinweisen. Das Ziel ist dabei stets, Akzeptanz zu erhöhen und zu vermeiden, dass wir lächerlich gemacht werden, jemand über uns lacht, uns schlecht behandelt, mobbt oder dass wir alleine dastehen oder isoliert werden. Weil wir wie besessen auf diese Dinge achten, suchen wir nach den kleinsten Hinweisen, damit wir präemptiv eine Meinung willkommen heißen, ändern oder ablehnen können. Unwissen befeuert unsere

Ängstlichkeit. Wie es Alfred Hitchcock ausdrückte: »Der Knall erschreckt niemanden, nur die Erwartung des Knalls.«

Wir wollen etwas verhindern (eine unvorteilhafte Meinung), das noch nicht aufgetreten ist (und vielleicht niemals auftritt), aber eine potenzielle Bedrohung darstellt. Weil wir nicht genau wissen, was eine andere Person beabsichtigt, verlassen wir uns auf unsere Interpretation dessen, was die anderen über uns denken. Letztere wird durch das Glaubenssystem gestützt, das wir über uns selbst und die menschliche Natur aufgestellt haben. Wenn wir bedroht sind, neigen wir dazu, uns noch mehr in diesen Glaubenssystemen zu verankern. Wir suchen die Umgebung nach Hinweisen ab, die mit dem übereinstimmen, was wir bereits wissen, um herauszufinden, was im Kopf eines anderen vorgeht.

Was wir für die Wahrheit der Meinung anderer halten, ist oft alles andere als zutreffend. Wie wir die Ansichten anderer deuten, reflektiert häufig eher das, was in uns steckt, sowie eher unsere Überzeugungen als die Meinung der anderen Person. Wenn wir danach handeln, was wir erwarten, bevor es tatsächlich geschieht, sorgen wir tatsächlich dafür, dass diese Erfahrung eintritt. Dies ist ein psychologisches Phänomen, das als interpersonaler Erwartungseffekt ((*engl: interpersonal expectancy effect*)) bekannt ist.

Das ist nichts Metaphysisches, sondern so arbeiten einfach der menschliche Geist und das menschliche Gehirn. Nehmen wir an, Sie hatten einen guten Freund, der Ihnen in einer schwierigen Zeit in Ihrem Leben beigestanden hat. Er war unglaublich großzügig und mitfühlsam während einer Zeit, in der Sie sich verletzlich fühlten. Ein paar Jahre später steckt er in einer Beziehungskrise. Sie haben genug mit der Arbeit und Ihren eigenen Herausforderungen zu tun. Er ist nicht der Typ, der sich bei anderen Hilfe sucht. Alle mögen ihn, und er erhält eine Menge Unterstützung.

Sie sehen ihn weniger häufig. Nach einer Weile befällt Sie das nagende Gefühl, er könne meinen, Sie seien nicht für ihn da. Nichts belegt Ihre These, aber Sie ziehen sich aus der Freundschaft zurück. Sie fühlen sich befangen. Ihre frühere Spontaneität und Freiheit, bei ihm vorbeizuschauen, sind nicht mehr vorhanden. Jahre vergehen, und der Abstand vergrößert sich langsam.

Damit haben Sie das Narrativ geschaffen und die Schritte unternommen (haben sich zurückgezogen und ihn nicht mehr besucht), die mit dem Ergebnis übereinstimmen, das Sie vorhergesagt hatten.

Bestätigungsverzerrung

Der menschliche Geist neigt dazu, nach Informationen zu suchen, diese zu interpretieren und zu erinnern, sodass Sie unsere bestehenden Überzeugungen oder Erwartungen bestätigen – ein Vorgang, den der englische Psychologe Peter Wason 1970 als »Bestätigungsverzerrung« bezeichnete. In einer Reihe von Studien hat er herausgefunden, dass Leute es bevorzugten, Informationen zu finden, die bestätigten, was sie bereits für wahr hielten. Sie übersahen oder ignorierten die Informationen, die nicht ihren Glaubenssätzen entsprachen.[103] Bestätigungsverzerrung tritt vor allem außerhalb der bewussten Wahrnehmung auf, sodass man sich im Allgemeinen nicht der Quelle und Wirkung dieser Verzerrungen bewusst ist.[104]

Als ich mich erstmals mit Bestätigungsverzerrung befasste, sah ich sie hinterher überall. Das ist eine Art Witz unter Akademikern, aber verweist auf die dahinterstehende Idee. Wir finden oft eher Belege, die eine Annahme bestätigen, der wir bereits anhingen, als nach Belegen zu suchen, die diese infrage stellen.

Man glaubte lange Zeit, dass Bestätigungsverzerrung unsere Gedanken und unser Verhalten beeinflusst. Sir Francis Bacon, der Philosoph der Renaissance, der die wissenschaftliche Methode populär machte, erkannte dies bereits vor mehr als 400 Jahren:

> Das menschliche Verstehen, hat es erst einmal eine Meinung angenommen (entweder als eine hergebrachte Meinung oder wenn es selbst damit übereinstimmt), zieht alles andere heran, um diese Meinung zu stützen und ihr zuzustimmen. Und gäbe es auch eine größere Zahl und ein größeres Gewicht an Fällen, die man auf der anderen Seite finden könnte, verneint oder verabscheut es diese oder findet irgendein Merkmal, um sie zur Seite zu schieben und abzulehnen; damit durch diese großartige und verderbliche Vorherbestimmung die Autorität seiner vorherigen Schlussfolgerungen unangetastet bleibt.[105]

Daniel Kahneman, einer der einflussreichsten Psychologen der letzten 50 Jahre, argumentiert, dass unser Denken in weiten Teilen unserer visuellen Wahrnehmung entspricht: »Bei der visuellen Wahrnehmung gibt es einen Prozess, der Mehrdeutigkeit unterdrückt, damit eine einzelne Interpretation ausgewählt wird und man sich dieser Mehrdeutigkeit nicht bewusst ist.«[106] Denken Sie an die mehrdeutige optische Täuschung mit der Ente und dem Hasen, die der amerikanische Psychologe Joseph Jastrow erstmals berühmt machte (siehe Abbildung 9-1). Menschen, die das Bild betrachten, können nicht die eine Figur als Ente und die andere als Hasen sehen, auch wenn die Merkmale räumlich unterscheidbar sind. Unser Gehirn schaltet zwischen dem Hasen und der Ente hin und her. Wir können nicht beide Bilder gleichzeitig im Verstand festhalten.

ABBILDUNG 9-1

Täuschung mit Ente und dem Hasen

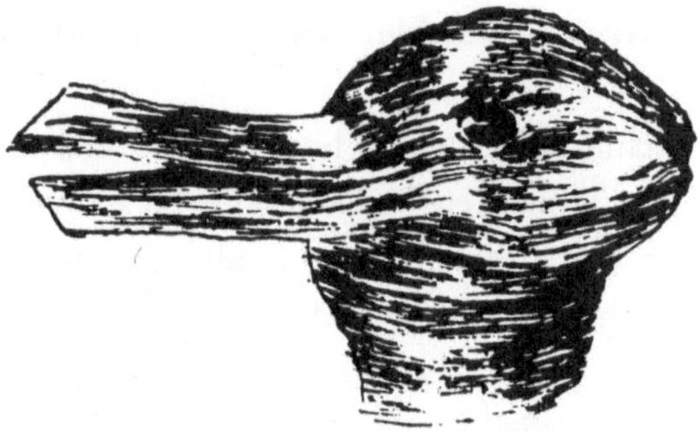

> »Bestätigungsverzerrung entsteht, wenn man eine Interpretation hat und diese übernimmt und dann in einem Top-down-Ansatz alles an diese Interpretation anpasst«, sagt Kahneman. »Wir wissen, dass dieser Prozess bei der Wahrnehmung auftritt und Mehrdeutigkeit beseitigt und es ist mehr als plausibel, dass ein ähnlicher Prozess beim Denken auftritt.«[107]

Die Verzerrung entsteht zum Teil dadurch, dass unser Gehirn die effizienteste Methode finden muss, um den riesigen Berg an Informationen zu verbinden, der auf es einströmt, ein Prozess, den man Heuristik nennt. Heuristiken generieren tief eingegrabene neurologische Kanäle, die weitaus mehr auf Geschwindigkeit und Effizienz als auf Genauigkeit ausgelegt sind; das Vertraute siegt über das Unvertraute.

Den Großteil unserer Evolutionsgeschichte mussten wir genau auf jede Bedrohung unseres physischen Überlebens achten. Wenn man hörte, wie ein Zweig zerbrach, konnte es einem das Leben retten, zu folgern, dass es ein Tiger sein musste. In der modernen Welt können diese mentalen Abkürzungen nützlich sein, sofern wir nicht über den Luxus verfügen, ein Urteil, gestützt auf klare und ausreichend vorhandene Daten, fällen zu können. Aber sie können uns auch in die Irre führen.

Ein kleines Beispiel: Ich arbeitete mit einer leitenden Führungskraft in einem Tech-Start-up zusammen, und sein Verhältnis zur Arbeit hatte einen enorm negativen Einfluss auf andere Bereiche seines Lebens. Er lebte nach dem Credo, Erfolg sei das Ergebnis harter Arbeit und Überstunden. Die Verkäufe des Unternehmens waren in den vorherigen beiden Quartalen gesunken. Er suchte nach einer Erklärung und folgerte, dieser Rückgang resultiere aus Selbstzufriedenheit und daraus, dass das Verkaufsteam weniger arbeitete.

Er hatte Belege für seine These. Auch wenn er durch das hybride Arbeitsmodell des Unternehmens die Arbeit der Angestellten wenig überwachen konnte, wusste er, dass seine Verkäufer an einem regulären Arbeitstag weniger Stunden arbeiteten, denn sie gestanden offen ein, dass sie einen Ausgleich finden mussten, weil die Heimarbeit besondere Anforderungen stellte. Er beschloss, alle wieder ins Büro zu holen und das Experiment der Arbeit von zu Hause zu beenden. Aber die Verkäufe stiegen nicht. Die Kosten stiegen. Er verlor zwei seiner Topverkäufer, die keine Lust hatten, wieder im Büro zu arbeiten. Die Moral unter den Angestellten und die mentale Gesundheit verschlechterten sich, da die hastige Rückkehr ins Büro zu vermehrter Anspannung führte.

Das Unternehmen holte einen Managementberater dazu, um den Rückgang des Geschäfts besser zu verstehen. Der Berater, der offen mit den Angestellten sprach, erkannte schnell, dass Bequemlichkeit nicht das Problem war. Der CEO hatte den Hinweisen, die seine These bestätigten (weniger Stunden während eines Arbeitstages) großes Gewicht beigemessen, aber nicht erkannt, dass seine Angestellten im Homeoffice tatsächlich mehr Stunden arbeiteten, weil sie auch am Wochenende und nach den normalen Geschäftszeiten vernetzt blieben. Das Problem war Burn-out. Die Angestellten waren emotional, körperlich und mental erschöpft durch die »always-on« 24/7-Arbeitskultur. Seine Wahrnehmungsverzerrung hatte dem CEO nicht nur sein Gespür für das Wohlergehen der Angestellten geraubt, sie hatte sogar noch das zugrunde liegende Problem verschärft.

Über den Glauben hinaus

Glaubenssätze sind Gedanken oder Ideen, die wir für wahr halten. Unsere Glaubenssätze verengen eine grenzenlose Welt auf eine bestimmte wahrgenommene Realitätserfahrung. Wir führen Kriege wegen unserer Glaubenssätze. Wir gehen ins Gefängnis für unsere Glaubenssätze. Wir schreiten zum Altar wegen unserer Glaubenssätze. Manche geben uns Macht, andere engen uns ein. Letztlich sind alle Glaubenssätze einengend, sogar diejenigen, die uns Macht verleihen. Sie setzen uns Grenzen, indem sie uns definieren.

Wir stehen jedes Mal vor einer Wahl, wenn wir erfahren, dass jemand eine Meinung über uns hat, die uns bedrohen könnte. Werden wir unser Glaubenssystem bestätigen, das uns auf den Pfad zu FOPO führen kann oder werden wir neugierig bleiben? Werden wir diesen Moment durch die Linse unserer vergangenen Erfahrungen interpretieren oder werden wir ihn so erleben, als hätten wir ihn nie zuvor gesehen? Denn das haben wir nicht. Dieser Moment ist brandneu.

Wir alle erfahren Verzerrungen

Wir alle erfahren Verzerrungen und haben Vorlieben oder Abneigungen in Bezug auf bestimmte Menschen, Dinge oder Ideen – manche können wir nicht erkennen. Falls Sie das nicht glauben, fragen Sie sich selbst, was Sie von Menschen halten, die:

- die National Rifle Association (NRA) unterstützen.
- glauben, dass es weiblichen transsexuellen Sportlern erlaubt sein sollte, in Wettbewerben anzutreten.
- glauben, dass es Grundschulkindern erlaubt sein sollte, beim Fahneneid nicht aufzustehen.
- den Klimawandel einen Schwindel nennen.
- sagen, die Lösung für das Obdachlosenproblem seien Sozialwohnungen, welche die Regierung in Ihrer Nachbarschaft errichtet.
- eine Impfpflicht wollen.
- ein Elektroauto fahren.
- Katzen lieber mögen als Hunde.

Einige Glaubenssätze oder Gefühle haben sich vielleicht zu Wort gemeldet, als Sie diese Liste gelesen haben. Unser Gehirn ordnet Dinge von Natur aus in Kategorien und Gruppen, Vorlieben und Abneigungen ein.

Von der Idee zur Tat

Um besser zu verstehen, wie die Bestätigungsverzerrung beeinflusst, wie Sie die Meinung anderer Menschen auslegen, suchen Sie proaktiv nach Informationen, die Ihre Glaubenssätze auf die

Probe stellen. Hinterfragen Sie die Meinung, die jemand anderes über Sie haben könnte. Das könnte eine Ansicht sein, die er direkt ausgedrückt hat, oder etwas, das nicht mit Worten formuliert worden ist, sondern Ihr intuitiver Eindruck war. Zum Beispiel: *Meine Vorgesetzte fühlt sich von mir bedroht, also holt sie mich nicht ins Team für den neuen Großkunden. Sie ist eine Managerin der alten Schule, die von oben dirigiert und der die Kontrolle wichtiger ist als das Empowerment ihrer Untergebenen.*

Machen Sie zwei Teile daraus: Ihren Glaubenssatz und die Meinung der anderen. Beginnen Sie mit Ihrem Glaubenssatz. *Meine Vorgesetzte fühlt sich von mir bedroht und will die Kontrolle behalten.* Es kann gut möglich sein, dass Sie so etwas nicht zum ersten Mal glauben. Etwas in Ihrer Vergangenheit stützt diesen Glaubenssatz. Überlegen Sie, ob es andere Erlebnisse gibt, die vielleicht Ihren Eindruck über Ihre Vorgesetzte bestätigt haben. Notieren Sie die Belege für diesen Glaubenssatz. Der Beleg könnte eher breit angelegt und allgemein sein. *Alle Unternehmen wollen die Kontrolle von oben.* Es könnte etwas sein, das Sie in einem vorherigen Unternehmen erlebt haben. *Mein Manager hat mich nie unterstützt. Es ging immer nur um ihn.* Es könnte sich um eine bestimmte Erfahrung mit Ihrer Vorgesetzten handeln. *Sie hat die Augen verdreht, als ich über meine Begeisterung für den neuen Großkunden geredet habe.* Oder es könnte alles Genannte gemeinsam sein.

Wie die Belege auch aussehen mögen, denken Sie daran, dass dies der Filter ist, durch den Sie die Meinung interpretieren.

Wechseln Sie nun zur Ansicht der anderen Person. In diesem Beispiel will sie nicht, dass Sie ein Teil des Teams werden. Erkunden Sie ein paar andere Interpretationen, wieso Sie nicht gebeten wurden, den neuen Großkunden zu betreuen. Selbst wenn Sie dies für nicht zutreffend halten, geben Sie sich eine Weile der Idee hin.

Verinnerlichen Sie die Vorstellung. Nutzen Sie Ihre Fantasie bis zu dem Punkt, dass es sich wie eine Übung zum kreativen Schreiben anhört. *Meine Vorgesetzte weiß mich wirklich zu schätzen, aber ihr waren bei diesem Kunden aufgrund eines früheren Versprechens an einen anderen leitenden Angestellten die Hände gebunden. Sie wollte mich in einer Situation haben, in der ich wirklich aufblühen kann. Sie verdrehte die Augen, weil sie frustriert war, da sie mich nicht ins Team holen konnte.*

Die Aufgabe besteht darin, die Erfahrung aus einer alternativen Perspektive zu betrachten und sie, wenn auch nur kurz, von Ihrer zuvor erfahrenen Bestätigungsverzerrung zu befreien, die beeinträchtigt, wie Sie die Meinung anderer über Sie bewerten.

10

Soziale Wesen, die sich als Individuen tarnen

Niemand ist eine Insel, ganz für sich allein; jeder ist ein Teil des Kontinents, ein Teil des Ganzen.

– **JOHN DONNE**

Im Winter nach der Baseballsaison 1998 traf sich Superstar Barry Bonds mit seinem langjährigen Freund und ebenfalls Baseballstar Ken Griffey Jr. zum Essen in Griffeys Haus in Florida. In der vorherigen Spielsaison hatte Bonds zugesehen, wie Mark McGwire den Homerun-Rekord im Major League Baseball pulverisiert hatte – mithilfe von Steroiden, wie später festgestellt wurde.

Als sie am Tisch saßen, drückte Bonds seine Frustration aus, dass auf dem Spielfeld keine gleichen Bedingungen herrschten und gestand überraschend ein: »Ich hatte eine verdammt gute Saison letztes Jahr, und niemanden hat es interessiert. Niemanden. Egal, wie sehr ich mich über McGwire und Canseco und den ganzen Mist mit den Steroiden beschwert habe, ich bin es müde geworden, dagegen zu kämpfen. Ich werde dieses Jahr 35. Ich habe vielleicht noch drei oder vier gute Spielsaisons vor mir, und ich will bezahlt werden. Ich werde einfach auch das Hardcore-Zeug benutzen, und hoffentlich richtet es keinen Schaden in meinem Körper an. Dann höre ich auf zu spielen und höre auf damit.«[108]

Bonds fand sich in einer Situation wieder, die der Mathematiker Albert Tucker das »Gefangenendilemma« genannt hat.[109] Das Gefangenendilemma entstammt der Spieltheorie, aber seit über 60 Jahren verwenden es auch Psychologen, Ökonomen, Politikwissenschaftler und Evolutionsbiologen, um zu verstehen, was menschliches Verhalten motiviert. Es gibt viele Variationen des Gefangenendilemmas, aber die Grundstruktur besteht darin, dass zwei Menschen, die sich nie getroffen haben, gegeneinander spielen. Das Ergebnis des Spiels hängt von der Wahl des anderen ab. Jede Person trifft eine Wahl für sich selbst, die hinterher offenbart wird, wenn beide sich entschieden haben. Das Dilemma ist, dass man das Spiel aus selbstsüchtiger Perspektive betreiben kann, als ein Nullsummenspiel, wenn man den Gewinn für sich selbst maximieren will, auf Kosten eines kleineren Gewinns für die andere Person. Oder man spielt kooperativer, indem man den Gewinn maximiert, den beide zusammen erhalten, aber auf Kosten dessen, dass man etwas weniger erhält, als würde man rein selbstsüchtig spielen.

Im Fall von Barry Bonds hätte er im Sinne der Gemeinschaft entscheiden können, keine leistungssteigernden Mittel zu nehmen. Das würde vermutlich in reduzierten (kurzfristigen) Gewinnen enden – weniger Ruhm, statistischen Rekorden und Geld –, aber hätte auch den Spielern genutzt, die nach den Regeln spielen.

Wenig überraschend betreiben die meisten Leute, der Vorhersage der Ökonomen entsprechend, das Spiel auf selbstsüchtige Weise. Die Ergebnisse stützen den weithin verbreiteten in der westlichen Welt fest verankerten Glauben, dass Menschen von Eigeninteresse angetrieben werden. Diese Sichtweise zeigt sich in

Hunderten von verschiedenen Variationen des Spiels. Es ist auch das primäre Rahmenwerk, durch das wir ökonomisches und soziales Verhalten verstehen.

In diesem Licht betrachtet, ist es vermutlich wenig überraschend, dass Bonds sich selbst in einem Anabolikaskandal wiederfand. Er spielte das Spiel selbstsüchtig. Und wenn man übereinstimmt, dass wir eine Spezies sind, die auf ihr Eigeninteresse aus ist, hätten die meisten von uns dasselbe getan.

Aber das ist nicht die ganze Geschichte.

Varda Liberman, Steven M. Samuels und Lee Ross führten eine Studie mit einer anderen Version des Spiels durch, unter derselben Prämisse, denselben Regeln, und alles andere war ebenfalls gleich – mit einer kleinen Abweichung. Zu Beginn des Spiels sagte man den Teilnehmern, dass sie das »Gemeinschaftsspiel« spielen würden.[110] Die Ergebnisse unterschieden sich dramatisch. 70 Prozent der Teilnehmer spielten kooperativ – mit der ganzen Gruppe im Hinterkopf – und nicht selbstsüchtig.

Die Studie, die viele weitere Belege aus anderen Disziplinen bestätigten, demonstrierte, dass Menschen nicht nur selbstsüchtig handeln, sondern von sozialen Überlegungen motiviert werden. Unser sozialer Antrieb ist nichts, das wir lernen müssen, eine erworbene pragmatische Fertigkeit, um unser eng gefasstes Eigeninteresse zu stützen. Wie es der Wissenschaftler Matthew Lieberman, der im Bereich der sozialen Neurowissenschaft arbeitet, beschreibt: »Unser soziales Betriebssystem ist ein Teil der grundlegenden Komponenten, die ausmachen, wer wir als Säugetiere sind.«[111]

Wir sind nicht Individuen, die gelernt haben, sozial zu sein. Wir sind soziale Tiere, die gelernt haben, sich als eigenständiges Selbst zu identifizieren.

Es lohnt sich, dies noch einmal zu wiederholen.

Wir sind grundlegend sozial. Zu verstehen und uns stets daran zu erinnern, dass wir authentische Verbindungen brauchen, hilft uns, mit FOPO umzugehen.

Tatsächlich entsteht FOPO aus einem tief verwurzelten Verlangen, von anderen akzeptiert zu werden und mit ihnen verbunden zu sein. Es ist ein grundlegendes menschliches Bedürfnis, dazuzugehören. Die Angst vor der negativen Meinung anderer ist ein Symptom einer tiefer liegenden Angst: abgelehnt zu werden. Die zutiefst biologisch verankerte Konsequenz der Ablehnung ist es, was FOPO alles durchdringen lässt. Es mag der Eindruck entstehen, das Mittel gegen FOPO bestünde darin, sich einfach nichts daraus zu machen, was andere über uns denken.

In seiner einfachsten Form hat die Lösung – das Gegengift zu FOPO – zwei Dimensionen: 1) sich von einer tiefen Liebe zu anderen und der Sorge um ihr Wohlergehen leiten zu lassen und zur sozialen Gemeinschaft beizutragen, für die unsere Biologie optimiert ist, und 2) in Übereinstimmung mit unserem Lebenssinn und unseren Werten und Zielen zu handeln. Dies fördert wiederum Gedanken und Handlungen, die sowohl andere als auch uns selbst aufbauen. Wenn wir in Übereinstimmung mit der Liebe zu anderen handeln und gleichzeitig auf unseren eigenen Lebenssinn hinarbeiten, besteht wenig Gelegenheit, Energie zu verschwenden, indem wir uns sorgen, was andere über uns denken oder auch nicht denken könnten.

Versäumte Verbindung

Als ich in der sechsten Klasse war, wohnten meine Familie und ich in Nordkalifornien. Eines Nachmittags fragte mich meine Mutter: »Michael, ist alles okay mit dir?«

Sie sah öfter mal nach mir, aber dieses Mal fühlte es sich anders an. Ich wusste genau, wonach sie fragte. Ich hielt einen Moment inne und sagte: »Nein.«

Sie wartete. Ich blickte weg und überlegte kurz, was ich nun machen sollte, weil meine Augen anschwollen und mein Hals sich eng anfühlte. Ich sagte erneut: »Nein, ich bin nicht okay.« Ich sagte es eigentlich nur, um das Schweigen zu brechen.

Sie bemerkte es, wartete ein paar Momente und entgegnete: »Okay, was ist los?«

Ich wollte sie beruhigen und tat es als ein vorübergehendes Gefühl ab, aber ich beschloss, es auszusprechen: »Ich habe einfach das Gefühl, da ist ein Loch in mir. Als würde mir etwas fehlen. Es ist direkt hier«, sagte ich und deutete auf meinen Bauch und die Brust. »Als wäre Gott nicht hier, als wäre da gar nichts.«

Sie sah mir nicht in die Augen und sagte: »Okay«, griff behutsam nach meiner Hand und zog mich in eine warme Umarmung, wobei sie einen Arm um meinen Rücken legte und mit der anderen Hand meinen Hinterkopf hielt. Wir hielten uns etwas länger in den Armen als üblich. Niemand sagte etwas. In diesem Moment war ich okay.

Noch jahrelang empfand ich diese Einsamkeit, dieses leere Gefühl direkt unter der Oberfläche. Man hätte es nie bemerkt und von außen betrachtet, war alles »in Ordnung«. Und meistens ging es mir gut. Ich ging diesem Gefühl nicht auf den Grund; ich wusste einfach, dass es da war. Vermutlich im Zusammenhang damit wurde ich gut darin, drei andere Emotionen zu pflegen: Aufregung (Nervenkitzel durch anstrengende und riskante Sportarten wie Surfen, Skateboarding und Skifahren), Ängstlichkeit (indem ich mir hinterher Sorgen machte um all die Dinge, die schiefgehen konnten) und Wut (ich regte mich schnell auf, als Ventil, um mich nicht ängstlich oder traurig zu fühlen). In der Rückschau war die empfundene Leere weder Depression noch die Angst des Heranwachsenden. Es war das Bewusstsein, dass ich nicht so mit etwas verbunden war, wie ich es sein wollte – mit mir selbst, mit anderen und mit der Natur.

Das getrennte Selbst

Der Glaube an dieses Getrenntsein und das Versagen, zu erkennen, dass wir Teil eines größeren Ganzen sind, hat das einzigartig moderne Phänomen des getrennten Selbst hervorgebracht.

Den Großteil der menschlichen Geschichte waren der Einzelne und seine Bedürfnisse und Wünsche sekundär gegenüber denen der Gesamtgruppe. In den frühen Tagen der Menschheit war es einem Mitglied des Stammes nicht möglich, einzig aus Eigeninteresse zu handeln. Die persönlichen Wünsche zu sublimieren, um den Normen und Werten der Gruppe zu entsprechen, war essenziell für das Überleben. Das ist in der modernen Welt nicht mehr der Fall.

Die funktionellen Verbindungen, die uns aneinanderknüpften, haben sich im 21. Jahrhundert gelockert.

Unmittelbare Bedrohungen unseres physischen Überlebens haben sich bedeutend verringert, und wir müssen uns nicht mehr so sehr auf die Gruppe verlassen, um geschützt zu sein. Der »Stamm« ist nicht essenziell für unser unmittelbares körperliches Überleben.

Die Technologie hat die physische Verbindung geschwächt. Wir verbringen mehr Zeit damit, auf unser Handy zu blicken, als uns gegenseitig anzusehen. Wir texten lieber, als uns zu treffen. Emojis ersetzen die physischen Anhaltspunkte wie Gesichtsausdruck und Körpersprache. »Likes« ersetzen aufmunternde Worte.

»LOL« ersetzt den körperlichen Vorgang des Lachens. Ein »Herz« ist der Ersatz für eine herzliche Umarmung.

Geografische Mobilität gestattet es uns, Teil einer Gemeinschaft zu werden und sie einfach wieder zu verlassen. Wir ziehen um, weil wir nach besseren wirtschaftlichen Bedingungen, besserem Wetter oder günstigeren Wohnungen suchen, während die Technologie die Illusion aufrechterhält, mit anderen verbunden zu sein.

Kultur des Selbst

Wir haben im 21. Jahrhundert das Selbst in den Mittelpunkt des westlichen Lebens gestellt und während dieses Prozesses uns selbst vom Ganzen unserer Existenz abgetrennt. Der Götzendienst des Selbst hat in der menschlichen Geschichte seinen Höhepunkt erreicht. Nie zuvor hat die Idee eines separaten Selbst einen solch prominenten Platz in der Gesellschaft belegt. Das Selbst hat die Gruppe oder Gemeinde als den grundlegenden Baustein der Gesellschaft abgelöst. Die Rechte, Bedürfnisse und Wünsche des Einzelnen sind sakrosankt, und das Individuum ist der Filter durch den wir ökonomische, legale und moralische Probleme sehen. Das Leben des Selbst ist ein individuelles Abenteuer. Die Ziele des Selbst sind individuelles Glück und Selbstverwirklichung. Die Frage, die sich das Selbst konstant stellt, ist: »Was muss ich tun, um *mein* Glück zu finden?«

Oberflächlich betrachtet, scheinen wir alles erfüllt zu haben, was der französische Philosoph und Sozialwissenschaftler Alexis de Tocqueville vor mehr als eineinhalb Jahrhunderten beobachtete, als er schrieb, dass die meisten Amerikaner »sich nicht länger durch das Gemeininteresse an ihr Schicksal gebunden fühlen; jeder von ihnen steht getrennt vom Rest und glaubt, er müsse sich alleine um sich selbst kümmern«.[112]

Das Selbst aus seinem größeren sozialen Zusammenhang herauszulösen, erschafft viele Begleitumstände, die FOPO begünstigen.

In der Kultur des Selbst betrachten wir Leistungen und Fehlschläge so, als würden sie allein von den eigenen Bemühungen bedingt. Auch wenn diese Vorstellung eine Quelle der Motivation sein kann (»du kannst die Welt verändern«), kann sie auch der mentalen Gesundheit schaden. Wenn wir uns als ein separates Selbst wahrnehmen, machen wir uns zum Autor dessen, was um uns herum passiert, inklusive all dessen, was wir nicht kontrollieren können. Das Leben schreitet voran, und Dinge passieren einfach. Und dann überdecken wir dies mit der subjektiven Interpretation, dass diese Dinge uns zustoßen. Sie geschehen wegen mir, wegen etwas, das ich tue oder nicht tue. Wir überschätzen unseren Einfluss, wenn alles gut läuft und geben uns zu sehr die Schuld, wenn das nicht der Fall ist. Oft haben wir den Eindruck, wir seien nicht gut genug, als gäbe es etwas an uns, das einfach niemand leiden kann. Wir wenden unsere Erlebnisse gegen uns selbst und fällen das Urteil über uns. Die Folge ist, dass wir stets nach unserem eigenen Wert suchen und befürchten, den Anforderungen nicht zu genügen. Wir rennen vor unserem eigenen Urteil über uns selbst und vor den Meinungen und Urteilen anderer davon.

Das Impostor-Syndrom ist ein Auswuchs unserer vom Selbst angetriebenen Kultur; eine unbeabsichtigte Rebellion gegen den Instinkt unseres Selbst, auf sich selbst zu verweisen. Menschen, die unter dem Impostor-Syndrom leiden – häufig Personen, die viel leisten – neigen dazu, den Erfolg nicht ihren eigenen Fähigkeiten zuzuschreiben, sondern dem Glück oder der Anstrengung. Sie können ihre Arbeit, all ihre Erfolge, Fehler, Fehlschläge und mit Mühe gewonnenen Einsichten nicht internalisieren und fürchten, dass die Meinungen anderer der verborgenen Ansicht entsprechen, die sie von sich selbst haben.

Das stets vorhandene Bedürfnis, uns selbst zu beweisen (oder zu verteidigen), distanziert uns von anderen und untergräbt unsere Beziehungen. Wie es der Autor Mark Manson ausdrückt: »Die Fähigkeit einer Person, eine authentische Verbindung herzustellen, ist direkt umgekehrt proportional zum Bedürfnis, sich selbst zu beweisen.«[113] Der Fokus liegt darauf, unsere eigenen Bedürfnisse zu erfüllen, nicht die des Gegenübers oder der Beziehung. Während dieses Prozesses positionieren wir uns oft im Wettstreit zu einer anderen Person, statt mit ihr zusammenzuarbeiten. Statt ein Teil des Kreises an Menschen zu sein, denen wir vertrauen, schieben wir sie von uns, wobei sie oft ein Teil der Gruppe von Leuten werden, deren Meinungen wir fürchten.

Die Selbsthilfe-Industrie sorgt dafür, dass wir noch besessener von uns selbst sind. Wir konzentrieren uns auf uns selbst und schließen alles andere und jeden anderen um uns herum aus. Umgeben von Ratschlägen – in Büchern, Artikeln, Podcasts, Blogs, von Therapeuten und Influencern – suchen wir unermüdlich nach dem einen Tipp, Trick oder Hack, der unser Kindheitstrauma heilt oder wenigstens dafür sorgt, dass wir leichter einen Partner auf Bumble finden. Therapiesitzungen dauern Monate und Jahre, ohne dass ein Ende in Sicht ist. Wir vergraben uns in unsere Kindheit, damit wir unsere eigene Geschichte in den Griff bekommen. Wir suchen unablässig in uns selbst nach dem Schlüssel, der uns wieder zu einer vollständigen Person macht.

Uns selbst zum Zentrum der eigenen Welt zu machen, trennt uns vom Planeten, den wir bewohnen. Wenn wir uns über die

Erde stellen, statt auf ihr zu stehen, beuten wir Ressourcen aus, zerstören Lebensräume und bringen den Planeten in Gefahr, zu überhitzen. Der Umweltjournalist Richard Schiffman hat auf poetische Weise beschrieben, wie wir uns von der natürlichen Welt abgekapselt haben: »Unser Missbrauch der Natur beruht im Kern darauf, dass wir Menschen glauben, Inseln zu sein, die isoliert sind, entfremdet von der Welt außerhalb unserer eigenen Haut. Ein kleiner Gott, der sich im eigenen Schädel von anderen isoliert, empfindet wenig Verantwortung für das, was außerhalb vor sich geht.«[114]

In unserer vom Selbst angetriebenen Kultur gibt der Einzelne Bedeutung und Sinn vor. Jede Person ist dafür verantwortlich, ihren eigenen, einzigartigen Sinn herauszufinden, statt diesen von den Beziehungen zu anderen, zur Gesellschaft und zum Planeten bestimmen zu lassen. Die Frage, über die wir nachdenken sollten, lautet: Sind wir unabhängige Personen, die nur aus opportunistischen Gründen miteinander verbunden sind, oder kann es sinnvoll sein, dass wir unserer Beziehung zur Gemeinschaft dienen?

Der Mythos der Eigenständigkeit

Der Mythos der Eigenständigkeit, der unserer Kultur des Selbst zugrunde liegt, ermöglicht großartiges Storytelling und eine Markenkultur, verbirgt jedoch eine fundamentale Wahrheit: Niemand schafft irgendetwas allein. Ich arbeite mit einigen der erfolgreichsten Sportler, Künstler und Manager der Welt zusammen. Alle von ihnen erkennen, dass großartige Leistungen ein starkes Team erfordern, das im Einklang arbeitet. Das Narrativ vom einsamen Genie – Steve Jobs, Charles Lindbergh, Mutter Teresa, Harriet Tubman, Ferdinand Magellan, Vincent van Gogh –, das den Lauf der

Geschichte durch schiere Inspiration, Entschlusskraft und Talent verändert, entspricht nicht ganz der Realität.

Scott Galloway, Professor an der NYU, weist auf die Wahrheit hinter dem Mythos hin: »Durchhaltevermögen und der Pflug haben den Westen erschlossen, nicht ein gutaussehender Weißer mit einem Revolver und einer Schachtel Zigaretten. Cowboys waren arme Männer, die für niedrigen Lohn eine trostlose Arbeit verrichteten. Hollywood und die Madison Avenue haben aus ihnen die revolverschwingenden Helden gemacht. In gleicher Weise wurde das Silicon Valley auf Grundlage von Projekten errichtet, die von der Regierung finanziert wurden – der Computerchip, das Internet, die Computermaus, der Webbrowser und das GPS.«[115]

Eigenständigkeit und ein rauer Individualismus sind in der Psyche des Westens verankert, aber es gibt ein viel grundlegenderes Bedürfnis: das menschliche Bedürfnis dazuzugehören.

Dazugehören

1995 haben Roy Baumgartner und Mark Leary, zwei führende Sozialpsychologen, einen bahnbrechenden Artikel veröffentlicht, in dem sie nahelegten, dass es nicht nur ein Wunsch ist, dazuzugehören, sondern ein Bedürfnis, eine zutiefst verwurzelte menschliche Motivation, die unsere Gedanken, Gefühle und Verhaltensweisen formt.[116]

Bis zu diesem Punkt hatte man diesen Drang, dazuzugehören, nicht als Motiv hinter dem menschlichen Sozialverhalten gesehen. Baumeister und Leary wiesen darauf hin, dass das Verlangen nach sozialer Akzeptanz und danach, dazuzugehören, *das* Motiv ist, das für einen größeren Teil des menschlichen Verhaltens verantwortlich ist als jedes andere Motiv. *Wieso wollen wir für andere attraktiv sein? Wieso sind wir nett zu anderen Menschen? Wieso löst es einen Dopaminschub bei uns aus, wenn jemand den »Like«-Button klickt? Wieso verbiegen wir uns, um uns anzupassen? Wieso grübeln wir beharrlich darüber nach, wie andere uns wahrnehmen?*

Baumeister und Leary vertraten die Ansicht, dass unsere Vorfahren überlebten und sich fortpflanzen konnten, indem sie Bindungen aufbauten und aufrechterhielten. Ein Mensch, der auf sich allein gestellt war, konnte vor sechs Millionen Jahren in der afrikanischen Savanne nicht überleben. Wir haben nur deswegen überlebt, weil wir Gruppen bildeten. Menschen in Gruppen konnten sich versammeln, die Gruppe vergrößern, nach Essen jagen, Partner finden, sich um die Kinder kümmern und sich besser verteidigen.

In Gruppen zu leben, war nur die Hälfte der Herausforderung. Menschen mussten zuerst von einer Gruppe akzeptiert werden. Sie mussten dafür sorgen, dass die anderen sie als Gruppenmitglied haben wollten. In Learys Worten: »Unser Bedürfnis, sich mit anderen zusammenzuschließen und ein Teil einer Gruppe zu sein, wurde von dem Verlangen begleitet, andere dazu zu bringen, uns zu akzeptieren.«

Das Bedürfnis, dazuzugehören, ist seit Millionen von Jahren in unserem Gehirn fest verankert. Unsere soziale Natur geht jedoch tiefer als nur Akzeptanz und Zugehörigkeit. Es liegt in unserer Natur, nicht »ich«, sondern »uns« als Zentrum des Lebens zu sehen.

Verbunden

Das separate Selbst ist ein erfundenes Konstrukt, das dafür sorgt, dass wir von der Welt um uns herum und ebenso von unserer Innenwelt abgetrennt sind. Nicht anders, als ich mich mit zwölf fühlte, spüren wir, etwas würde in unserem Leben fehlen, aber wir können es nicht benennen. Wir sehnen uns nach Verbindung, sind traurig, dass unser gesamtes Wesen unsichtbar bleibt. Wir erfahren uns selbst als allein in der Welt. Wir haben dieses durchdringende, unstillbare Verlangen, zu wissen, dass wir wichtig sind, zu wissen, dass wir dazugehören. Wir blicken nach außen, um die Antwort zu finden; schauen auf andere, um die Bestätigung zu erhalten, dass wir okay sind, dass wir tatsächlich ein Teil von etwas Größerem als uns selbst sind.

Es ist jedoch egal, was andere Menschen sagen oder tun. Sie können Ihnen versichern, dass sie Sie lieben. Sie machen Sie vielleicht zu einem Teil des Teams. Sie holen Sie in die Firma; laden Sie zur Party ein; heben Ihre Rolle bei einem Meeting hervor; liken Ihren Instagram-Post; halten um Ihre Hand an; aber sie können nicht dieses Bedürfnis beseitigen, das daraus entsteht, zu glauben, Sie seien ein einzelnes Selbst, eine Insel ganz für sich. Sie können Ihnen nicht das Gefühl von Verbindung geben, nach dem Sie sich zutiefst sehnen. Das können nur Sie selbst.

Wir suchen außerhalb von uns nach etwas, das tief in unserem Inneren liegt. Wir haben uns losgelöst von der fundamentalen Wahrheit, dass wir von Natur aus eine soziale Spezies sind, die mit allem und jedem um sich herum verbunden ist. Unsere gegenseitige Abhängigkeit ist eine Tatsache des Lebens, der wir nicht entkommen können.[117]

Wir sind auf einem funktionalen Level miteinander verbunden, aber unsere Beziehung zueinander ist nicht nur pragmatisch. Sie basiert nicht nur auf dem Bedürfnis, sich eine Tasse Zucker vom Nachbarn borgen zu können.

Wir sind auf globaler Ebene miteinander verbunden. Die Evolutionsbiologin Lynn Margulis schreibt dazu:

> Darwins größter Beitrag war, uns allen zu zeigen, dass individuelle Organismen über die Zeit hinweg verbunden sind. Es ist egal, ob man Kängurus, Bakterien, Menschen oder Salamander vergleicht, wir sind uns in chemischer Hinsicht alle unheimlich ähnlich … [Der russische Geochemiker Vladimir] Vernadsky zeigte uns, dass Organismen nicht nur durch die Zeit, sondern auch durch den Raum hinweg verbunden sind. Das Kohlendioxid, das wir als Abfallprodukt ausatmen, wird zur Lebenskraft für eine Pflanze; und umgedreht gibt uns der Sauerstoff als Abfallprodukt der Pflanze Leben … Aber die Verbindung endet nicht beim Austausch von Gasen in der Atmosphäre. Wir sind auch physisch miteinander verbunden und Sie können den Beleg dafür überall sehen. Denken Sie an die Protisten, die im Enddarm der Termite leben oder die Pilze, die in den Wurzelballen von Bäumen und Pflanzen leben. Die Vögel, die von einem Baum zum anderen flattern, transportieren Pilzsporen durch ihre Umwelt. Ihre Hinterlassenschaften ernähren eine Reihe von Insekten und Mikroorganismen. Wenn der Regen darauf fällt, werden die Sporen wieder gegen den Baum gespritzt und erschaffen Taschen für Leben, um erneut zu wachsen.[118]

Wir sind alle auf atomarer Ebene miteinander verbunden.

Größer als Sie

Sich mit etwas zu verbinden, das größer ist als man selbst, macht uns weniger anfällig für die Meinungen und negativen Gedanken, die mit dem separaten Selbst einhergehen. Wir werden mehr wie der Ozean und weniger wie eine kleine Pfütze Wasser, die leicht verloren geht.

Es ist ein wenig kontraintuitiv, denn die natürliche Reaktion besteht darin, unsere Aufmerksamkeit auf uns selbst zu richten, wenn wir Probleme haben. Wir versuchen, das zu richten, was uns plagt. Paradoxerweise finden wir eine Verbindung zu den tiefen Teilen von uns selbst, wenn wir nach außen blicken und uns nicht auf uns selbst konzentrieren. Je mehr wir uns darauf konzentrieren, zum Ganzen etwas beizutragen, desto verbundener fühlen wir uns. Je mehr wir unser Selbst loslassen, desto mehr Zugang finden wir zu unserem wahren Selbst. Das kann geschehen, indem wir uns Ziele setzen, die sich auf etwas Größeres als uns selbst fokussieren – etwas, das zum Wohlergehen oder der Unterstützung anderer auf diesem Planeten beiträgt.

Wenn wir unsere einzigartigen Stärken und Kräfte auf etwas ausrichten, das größer ist als wir selbst, erkennen wir, dass wir Teil eines größeren und untereinander in Beziehung stehenden Ökosystems sind. Nein, nicht in der Art, dass man sich einfach einer Studentenverbindung anschließt und sich mit einer größeren Gruppe verbunden fühlt. Einen Lebenssinn zu haben, der größer als wir selbst ist, stellt ein Portal zum Bewusstsein einer tiefgehenden Verbundenheit aller Dinge dar und zeigt uns, dass wir nicht in Isolation existieren. Unsere Aufmerksamkeit wird vom engen Prisma unseres »Selbst« abgelenkt, und wir erkennen, dass unsere wahre Natur nur im Kontext der Verbindung zu anderen verstanden werden kann.

Von der Idee zur Tat

Um sich selbst aus dem engen Prisma des eigenen Selbst zu befreien, entwickeln Sie Tugenden, die im Dienst anderer stehen. Tugenden sind positive ethische Eigenschaften oder Verhaltensweisen, die auf einem hohen moralischen Standard beruhen. Tugenden zu entwickeln, lässt uns erkennen, dass wir ein Teil eines vernetzten Ökosystems sind, das den Fokus vom eigenen Selbst ab- und darauf hinlenkt, etwas Gutes für andere zu tun. Wir kultivieren Tugenden nicht in Isolation, sondern innerhalb der Gemeinschaften, zu denen wir gehören, inklusive Familie, Schule, Teams und unsere Arbeit.

Wir entwickeln Tugenden auf die gleiche Weise, wie wir ein guter Pianist oder Tennisspieler werden: durch Training und Übung. Aristoteles glaubte, wir werden zu dem, was wir wiederholt tun. Die Übung kann innerlich oder äußerlich ablaufen. Idealerweise ist es beides. Identifizieren Sie eine Tugend, in der Sie sich verbessern wollen, und machen Sie einen Plan. Sie können aus der untenstehenden Liste wählen oder sich eine eigene ausdenken. Wenn es Liebenswürdigkeit ist, sollten Sie sich fragen: Wie kann ich heute zu jemandem und zu mir selbst liebenswürdig sein? Bewerten Sie sich am Ende des Tages selbst und/oder notieren Sie, was Sie bei Ihrem Versuch gelernt haben, die gewünschte Tugend auszudrücken. Es ist so einfach. Trainieren Sie Ihren Tugendmuskel.

Anregung für die morgendliche Notiz:

- Schreiben Sie die Tugend auf, die Sie heute einüben wollen (das kann auch immer wieder dieselbe Tugend sein).

Anregung für die abendliche Notiz:

- Schreiben Sie die Momente Ihres Tages auf, wenn Sie sich aktiv mit dieser Tugend auseinandergesetzt haben.
- Denken Sie über bestimmte Momente nach (wenn es welche gab), die besonders herausfordernd für Sie waren (in Bezug auf die Tugend), denken Sie über Ihre reflexartige Reaktion nach und darüber, wie Sie in der Zukunft auf ähnliche Ereignisse reagieren wollen.
- Listen Sie mögliche »Fallstricke« (in der Psychologie als Antezedenzien bekannt) auf, die mit Ihrer automatischen Reaktion verbunden waren (Beispiel: Mein direkter Mitarbeiter kam heute zu spät zu unserem Zweier-Meeting).
- Notieren Sie sich, wie Sie gerne reagieren würden, wenn dieses Antezedens erneut auftreten sollte und Sie als Reaktion der einzuübenden Tugend folgen wollen.
- Wählen Sie aus den folgenden psychologischen Skills etwas aus, das Sie gerne täglich einüben würden. Suchen Sie sich davon eine oder zwei aus, von denen Sie glauben, dass Sie Ihnen dabei helfen, zuverlässiger die Tugend auszudrücken, die Sie einüben wollen: Atemtraining, Selbstbewusstsein trainieren, Achtsamkeit, Übungen für Selbstgespräche, Optimismusübungen, lernen, sich besser zu erholen, Übungen zur besseren Konzentration.

Hier eine Liste der Tugenden, die Sie in Beziehung zu anderen setzen und aus der Falle des Selbst befreien.

Tugenden

Großzügigkeit
Mut
Gerechtigkeitsempfinden
Dienst
Bescheidenheit
Kreativität
Vergebung
Freundlichkeit
Ehrlichkeit
Respekt
Dankbarkeit
Geduld
Sinn

TEIL 3

NEUDEFINIEREN

11

Herausforderungen für unsere liebsten Überzeugungen

Meinungen sind dazu da, sich zu ändern – wie soll man sonst der Wahrheit näherkommen?

– LORD BYRON

Forschungen zufolge neigen wir dazu, Belege nicht zu beachten, die unseren Glaubenssätzen widersprechen, aber wieso schützen wir diese so sehr?[119] Wieso ist es so schwierig, unsere Meinung zu ändern, wenn andere eine Überzeugung infrage stellen, die wir zutiefst für wahr halten? Was geht während dieses Prozesses in unseren Gehirnen vor? Welcher neurale Mechanismus wird aktiviert, wenn jemand eine wichtige Idee widerlegt, von der wir überzeugt sind? Jonas Kaplan, Assistenzforschungsprofessor für Psychologie am Brain and Creativity Institute der University of Southern California, hat sich der extrem polarisierenden Landschaft der politischen Überzeugungen gewidmet, um das herauszufinden.

Kaplan führte eine Studie mit 40 Erwachsenen durch, die sich selbst als überzeugte politisch Liberale identifizierten.[120] Jede Person wurde gebeten, acht Aussagen zu lesen, die ihre politischen Überzeugungen wiedergaben. Zum Beispiel: »Die Vereinigten Staaten sollten ihr Militärbudget reduzieren.« Nach jeder Aussage las der Teilnehmer fünf kurze gegensätzliche Aussagen, welche die ursprüngliche Sichtweise infrage stellten und sie überzeugen sollten – während ein MRT sein Gehirn scannte. Die Gegenargumente, wie: »Russland hat nahezu doppelt so viele aktive Nuklearwaffen wie die Vereinigten Staaten«, sollten eher provozieren, als dass sie auf Fakten basierten.

Die Testpersonen wurden außerdem gebeten, eine Reihe nichtpolitischer Aussagen zu lesen, wie: »Thomas Edison hat die Glühbirne erfunden.« Dann zeigte man ihnen gegensätzliche Aussagen, die Zweifel säen sollten, wie: »Edisons Patent für die elektrische Glühbirne wurde vom US-Patentbüro für nichtig erklärt, das befand, sie basiere auf der Arbeit eines anderen Erfinders.«

Die Forscher fügten die nichtpolitischen Aussagen ein, um zu sehen, ob es sich unterschied, wie das Gehirn Herausforderungen für tief verankerte Überzeugungen verarbeitete, im Vergleich zu vorgeblich weniger emotional aufgeladenen Glaubenssätzen wie Edisons Rolle in der Geschichte.

Für das Gehirn sind unsere wichtigsten persönlichen Überzeugungen und unsere Identität nicht zu unterscheiden

Die Studie stellte einen starken Anstieg der Aktivität in Hirnregionen, die mit der Identität (Default Mode Network), mit der Reaktion auf Bedrohungen (Amygdala) und mit Emotionen (Inselkortex) zu tun hatten, wenn die Glaubenssätze infrage gestellt wurden, von denen die Teilnehmer zutiefst überzeugt waren. Je stärker man an einer Überzeugung hing, desto größer war die Aktivität in der Amygdala und im Inselkortex. Jeder Studienteilnehmer behauptete, er glaube, dass Edison die Glühbirne erfunden habe. Aber konfrontiert mit Belegen, die das Gegenteil behaupteten, akzeptierten die Testpersonen im Allgemeinen die neuen Informationen, und es kam zu einem reduzierten Signal – wenn es überhaupt eines gab – in diesen Hirnregionen.

Die Ergebnisse lieferten erstaunliche Erkenntnisse darüber, wieso die Meinung anderer sich wie eine derartige Bedrohung anfühlen kann. Die Glaubenssätze herauszufordern, von denen jemand zutiefst überzeugt ist, aktiviert die Bereiche des Gehirns, die mit der persönlichen Identität in Verbindung stehen.

Ein Angriff auf die politischen Ansichten der Teilnehmer registrierten diese als einen Angriff auf ihre Identität, ihr Selbstempfinden.

Für das Gehirn sind unsere innigsten Überzeugungen und unsere Identität nicht zu unterscheiden.

Das Gehirn schützt uns vor Meinungen, die unsere Identität bedrohen

Das Gehirn kann auf Meinungen, die unsere Kernglaubenssäte bedrohen, ebenso reagieren wie auf eine körperliche Gefährdung. Das Gehirn unterscheidet nicht zwischen unserem physischen Körper und unserem Selbstgefühl. Es schützt beide gleichermaßen. Die Hirnschaltkreise, die dafür verantwortlich sind, uns zu schützen, arbeiten auf Hochtouren, wenn die Meinung eines anderen die Glaubenssätze, die unserer Identität angehören, bedroht. Kaplan beschreibt es so: »Die Hauptverantwortung des Gehirns besteht darin, sich um den Körper zu kümmern und ihn zu schützen.

Das psychologische Selbst ist eine Folge dieser Aufgabe im Gehirn selbst. Wenn unser Selbst angegriffen wird, setzt unser [Gehirn] dieselben Verteidigungsmechanismen ein, die es nutzt, um den Körper zu schützen.«[121] Das Gehirn bietet diesen Schutz nicht nur für unsere körperliche Sicherheit, sondern auch für unser psychologisches Wohlergehen. »Wenn das Gehirn etwas als einen Teil seiner selbst betrachtet, ob das ein Körperteil oder ein Glaubenssatz ist, dann schützt es beide auf die gleiche Weise.«[122]

Ein Beleg dafür, welchen Wert das Gehirn auf unsere Identität legt, ist der neurobiologische Schutzmechanismus, der es schützen soll – der Inselkortex, ein Teil des frontalen Kortex. Wenn Sie je einen Schluck verdorbener Milch getrunken oder eine halbe Brotscheibe gegessen haben, bevor Sie merkten, dass sie mit grünem, pelzigem Schimmel bedeckt ist; oder eine Toilettentür geöffnet haben, die Sie besser nicht aufgemacht hätten, haben Sie den Inselkortex aktiviert. Ekliger Geschmack und Gestank verursachen einen Würgereflex oder dass wir zurückschrecken. Neuronale Signale werden an die Muskeln in unserem Gesicht oder Magen gesendet, und wir spucken das verdorbene Essen aus oder meiden den ekelhaften Gestank.

Das Gefühl des Ekels ist ein der Evolution entstammendes psychologisches System, um unsere Körper vor Infektionen zu schützen, indem wir Verhalten meiden, das Krankheiten auslösen könnte.[123] Menschen sind jedoch die einzigen Tiere, bei denen sich der Inselkortex dahin entwickelt hat, etwas viel Abstrakteres zu schützen: unsere Identität. Der Teil des Gehirns, der uns anweist, verdorbenes Fleisch zu meiden, um uns vor Krankheitskeimen zu schützen, ist derselbe Mechanismus, der uns auch vor Informationen warnt, die das Gehirn für schädlich für unser Selbstempfinden hält.

Wenn die Meinungen anderer Leute unsere zutiefst verankerten Glaubenssätze herausfordern, besonders Überzeugungen, die zu unserem Selbstempfinden gehören, dann werden die neuralen Netzwerke aktiviert, die sich entwickelt haben, um uns zu schützen. Die Amygdala übernimmt die Kontrolle über unser Gehirn, bevor wir überhaupt ahnen können, was vor sich geht. Stresshormone wie Adrenalin und Cortisol werden freigesetzt, die unseren Körper in Alarmzustand versetzen. Der Inselkortex wird aktiviert. Unser Gehirn ignoriert oft die Tatsachen aus Rücksicht auf unsere Glaubenssätze oder passt die Fakten an diese Glaubenssätze an. Wir klammern uns an unsere Weltsicht, als würde unser Überleben davon abhängen.

Was schließen wir ein oder aus?

Wir schützen instinktiv unsere tiefen Überzeugungen, aber das wird problematisch, wenn wir nicht mehr bereit sind, gegensätzliche Ideen zu bedenken und unsere Glaubenssätze zu überprüfen. Robert Frosts Gedicht »Mending Wall« ist eine treffende Mediation über die Barrieren und Überzeugungen, die uns voneinander trennen – und ein Aufruf, diese genauer unter die Lupe zu nehmen.

Jeden Frühling treffen sich zwei Nachbarn an der Steinmauer, die ihre Grundstücke voneinander trennt, in einem jährlichen Ritual, um Reparaturen durchzuführen. Der Erzähler sieht keinen wirklichen Sinn in der Mauer. Es gibt keine Tiere, die eingesperrt werden müssen, nur die Kiefern und Apfelhaine, welche die Hügel säumen.

Bevor ich diese Mauer baute, wollt' ich wissen
Was ich ein- und was ich aussperrte

Immer wenn der Erzähler das »Warum« hinter der Mauer infrage stellt, äußert der Nachbar ein vorgefertigtes Mantra, das er von seinem Vater gelernt hatte: »Gute Zäune machen gute Nachbarn.« Ihn interessiert es nicht, diese Überzeugung zu hinterfragen und ob sie irgendeinem Zweck dient. Seine Antwort, die von geringer Neugier zeugt, wirkt auf den Erzähler grob und primitiv.

Bringt einen Stein, fest von oben gepackt
In jeder Hand, wie ein Steinzeitwilder bewaffnet.
Bewegt er sich in der Dunkelheit, so scheint es mir

Wir fühlen uns vielleicht besser, wenn wir angesichts der Meinungen anderer unsere Überzeugungen verteidigen, aber es ist durchaus von Wert, unsere Glaubenssätze hin und wieder unter die Lupe zu nehmen. Sie haben irgendwann in unserem Leben einen Zweck erfüllt, sonst hätten wir sie uns nicht zu eigen gemacht, aber dienen sie uns heute immer noch? Nehmen Sie sich ein paar Momente, um zu überlegen, an welchem Punkt in Ihrem Leben Sie einen Glaubenssatz übernommen haben und warum. Fragen Sie sich dann, ob dieser Glaube Ihnen immer noch dient. Hilft er Ihnen, Ihre Ziele und Visionen für das Leben zu erreichen, das Sie führen wollen? Oder setzt der Glaubenssatz Ihnen Grenzen, wenn es um das geht, was Sie erreichen wollen?

Wenn Menschen unsere zutiefst gehegten Überzeugungen herausfordern, können wir den Verstand darauf trainieren, dass dies keine Bedrohung, sondern eine Chance darstellt.

Von der Idee zur Tat

Hier nun eine introspektive Übung, die weit herausfordernder ist, als sie sich anhört. Wenn Sie es richtig anstellen, befähigt sie Sie vielleicht, weniger reaktiv, weniger defensiv und neugieriger in Situationen zu sein, in denen Sie sonst vielleicht eingefahrenen, rigiden Denkweisen gefolgt wären.

Nehmen Sie sich einige Momente und schreiben Sie ein paar Glaubenssätze auf, von denen Sie überzeugt sind. Schreiben Sie dann ein paar Glaubenssätze auf, bei denen Sie weniger sicher sind. Werfen Sie dann einen Blick darauf, an welchem Punkt Ihres Lebens Sie jeden dieser Glaubenssätze angenommen haben und warum. Wie hat er Ihnen zu diesem Zeitpunkt in Ihrem Leben gedient? Erkunden Sie nun, ob dieser Glaubenssatz Ihnen im Moment immer noch nutzt. Hilft er Ihnen dabei, die Person zu sein, die Sie sein wollen? Hilft er Ihnen, Ihre Ziele und Visionen für das Leben zu erreichen, das Sie führen wollen? Oder beschränkt Sie dieser Glaubenssatz in dem, was für Sie möglich ist?

12

Wer meldet sich denn da zu Wort?

Der Löwe dreht sich nicht um, wenn ein kleiner Hund bellt.

– AFRIKANISCHES SPRICHWORT

Mit 1,88 Metern Größe und 131 Kilogramm war Nate Hobgood-Chittick ein gewaltiger Mann mit einem noch gewaltigeren Hunger nach Leben, aber für einen Defensive Tackle war er relativ klein. Nate spielte vier Jahre in der NFL und gewann mit den St. Louis Rams einen Super Bowl. Nate war ein guter Freund von mir. Er verstarb viel zu früh mit 46 Jahren. Wir haben gerne über spirituelle Dinge geredet, darüber, wie man das Beste aus sich herausholt und wie man am besten andere auf ihrem Lebensweg unterstützt und herausfordert. Er brachte mir eine Menge bei, und ich vermisse ihn. Ich kann immer noch sein dröhnendes Lachen hören und habe das Gefühl, er hat das Leben in vollen Zügen genossen. Er liebte seine Familie, liebte Menschen und liebte das Leben.

In der Frühzeit seiner Footballkarriere beschrieb mir Nate, dass einige Trainer ihn niedermachten, demütigten und sogar bedrohten. *Du bist so langsam. Ich hab' dir eine Million Mal gesagt, dass du es nicht bis zur nächsten Stufe schaffst. Wieso kannst du nicht einfach einen halben Schritt zurück machen. Einen halben Schritt, keinen ganzen. Was stimmt nicht mit dir?* Emotional missbräuchliches Training ist nicht immer leicht zu erkennen. Manche Sportler sind bereit, alles auszuhalten, das ihnen vielleicht helfen kann, erfolgreich zu werden. Sie können missbräuchliche Praktiken als Zeichen fehlinterpretieren, dass ihr Trainer ihnen helfen will, sich zu verbessern. Nate durchschaute das. »Mike«, sagte er zu mir, »Du weißt nicht, wie es sich anfühlt, sich ständig von Erwachsenen vor all deinen Freunden anschreien zu lassen. Es war ein fester Bestandteil der Kultur, aber es war demoralisierend. In dieser Umgebung konnte ich nicht aufblühen.«

Nate ließ sich in jungen Jahren einen cleveren Kniff einfallen, um die Herausforderung zu bewältigen, wie man aufbauende Meinungen von denen unterscheidet, die einen niedermachen. Er erkannte, um besser zu werden, musste er das Toxische von den wertvollen Einsichten trennen. Er konnte die Trainer nicht einfach ausblenden, also setzte er »den Filter« ein. Wenn ein Trainer zu ihm kam oder über das Spielfeld schrie, kamen nur die Worte durch den Filter, die ihm dabei halfen, besser zu werden. Die Verachtung und Negativität blieben auf der anderen Seite des Filters, dort wo der Trainer war.

Statt in die Falle zu tappen, eine Meinung aus Reflex zu akzeptieren oder abzulehnen, konnte Nate mithilfe des Filters den Prozess kontrollieren. Er ermöglichte es ihm, die Pausetaste zu drücken und erst abzuwägen, welchen Nutzen die Perspektive eines anderen hatte, bevor er reagierte.

Ja, der erste Schritt, wenn man auf die Meinungen anderer reagiert, besteht darin, nicht zu reagieren. Atmen Sie erst einmal buchstäblich tief durch.

Was passiert, wenn die Meinung auf den Filter trifft? Wie unterscheiden wir hilfreiche Meinungen, durch die wir lernen und wachsen, von den Meinungen, die wir fünf Jahre später immer noch in der Psychotherapie aufarbeiten müssen?

Wir stellen die Antwort oft als eine binäre Auswahl dar. Wir tun so, als wäre jede Meinung wichtig. Oder wir neigen zum anderen Extrem und sagen, dass uns die Ansichten anderer völlig egal sind. Das wirkt wie zwei direkt entgegengesetzte Ansätze, aber sie führen letztlich zum selben Ziel. Wenn jede Meinung zählt, verlieren wir unsere Kapazität, offen und verletzlich zu sein und etwas zu riskieren, weil wir uns Sorgen machen, wie wir auf andere wirken könnten. Wenn wir uns andererseits überhaupt nicht dafür interessieren, was andere denken, verstoßen wir gegen unsere neurobiologische soziale Veranlagung. In beiden Fällen verlieren wir die Verbindung zu uns selbst und den Menschen um uns herum.

Ich habe mit der Forscherin und Autorin Brené Brown im *Finding-Mastery*-Podcast über eine Alternative geredet, die sowohl unsere individuelle Integrität beachtet als auch unsere angeborene soziale Natur berücksichtigt. Brown ist der Ansicht, dass »unser Job darin besteht, zu unterscheiden, welche Meinungen zählen und die Menschen zu finden, die uns lieben, nicht trotz unserer Verletzlichkeit, nicht trotz unserer Fehler, sondern wegen ihnen«.

Browns wichtigster Filter, um die maßgeblichen Meinungen zu ermitteln, besteht darin, dass jemand tatsächlich in der Arena steht. Jemand, der sich wirklich im Leben anstrengt, der etwas versucht und scheitert und »dessen Gesicht von Staub, Schweiß und Blut bedeckt ist«. Im Gegensatz dazu zählt die Meinung derjenigen, die keinen Fuß in die Arena setzen, weil sie das Ergebnis nicht kontrollieren können, sondern stattdessen »Beleidigungen und Kritik« von den billigen Plätzen brüllen, nie auch nur im Geringsten.

Der runde Tisch

Nates Filter erinnert uns daran, dass wir letztlich zwar nicht die Meinungen anderer steuern, aber kontrollieren können, welche wir durchlassen und was wir damit anstellen. Das provoziert natürlich die Frage: Wessen Meinung vertrauen wir, und wie finden wir heraus, welche Informationen ehrlich, zutreffend und vor allem hilfreich sind?

Statt auf einer Ad-hoc-Basis auf die Ansichten anderer zu reagieren, können Sie sich eine Strategie zurechtlegen. Beginnen Sie damit, dass Sie sich einen runden Tisch mit den Menschen vorstellen, deren Meinung Ihnen wichtig ist. Identifizieren Sie zwei, vier, acht oder zehn Personen, deren Rat Sie trauen. Das könnten Familienmitglieder, Freunde, Mentoren oder Experten sein. Halten Sie die Liste kurz. Die Menschen, die Sie für Ihren runden Tisch auswählen, sind vielleicht keine Ritter von Arthurs Tafelrunde, aber der ritterliche Geist ist vielleicht immer noch Teil Ihrer Beziehung zu ihnen.

Um einen Platz am runden Tisch zu vergeben, sollten Sie sicherstellen, dass jede Person Sie unterstützen und schützen will. Wenn Sie Ihren runden Tisch erstellen, fragen Sie sich: Wer deckt mir den Rücken? Wer versteht mich wirklich, nicht nur die geschniegelte und gebürstete Version von mir, sondern die Version, die sich anstrengt, die auf etwas hinarbeitet, die verletzlich ist; die Version, die versucht, sich im Leben zurechtzufinden? Wer fühlt sich der Wahrheit verpflichtet? Wer ist wirklich ehrlich zu Ihnen? Wer führt sein Leben so, dass Sie ihn respektieren?

Ihr runder Tisch könnte zur wichtigsten Feedbackschleife in Ihrem Leben werden, was nicht heißt, dass die Meinungen dieser Menschen die einzigen sind, die Sie beeinflussen. Ob wir es mögen oder nicht, wir werden jeden Tag von den Meinungen unserer Freunde, Familienmitglieder, Kollegen, Partner, Trainer, Teamkollegen, sowie von Personen der Öffentlichkeit, Marken, Bots und Fremden bombardiert. Wenn wir auf jede davon reagieren, bleibt wenig Spielraum für unsere eigenen Gedanken. Das Leben wäre, als würden wir ständig versuchen, Fliegen zu erschlagen, die um uns herumschwirren, wenn wir uns konstant um die Ansichten anderer kümmern müssten. Aber wenn wir einfach alle Meinungen anderer Menschen ausblenden, versäumen wir wertvolle Informationen und Chancen, etwas über uns selbst zu lernen. Und es ist nicht wirklich möglich, sämtliche Meinungen auszublenden. Manche Ansichten suchen sich ihren Weg durch den Filter und bleiben an uns hängen, und wenn das passiert, können wir normalerweise etwas über uns selbst lernen.

Von der Idee zur Tat

Wenn Sie in hohem Maße emotional auf die Meinung einer anderen Person reagieren, ob positiv oder negativ, dann richten Sie Ihre Aufmerksamkeit darauf. Widerstehen Sie der Versuchung, darüber hinwegzugehen oder diese Meinung zu unterdrücken. Ihre Reaktion enthält jede Menge Informationen darüber, was in Ihrem Inneren vor sich geht. Hat das Gefühl Sie überwältigt wie eine Droge und eine Ahnung bestätigt, die Sie bereits über sich selbst hatten? Oder hat sich Ihre Überlebensreaktion eingeschaltet und Ihre Aufmerksamkeit beansprucht, sodass Ihr Körper sich darauf vorbereitet hat, zu kämpfen, zu fliehen oder zu erstarren? Wie Sie auch auf die Meinung reagieren, die Ihren Filter durchdringt, das wahre Geschenk besteht in Ihrer eigenen Reaktion.

Der nächste Schritt, wenn Sie mit einer Meinung konfrontiert werden, die Sie nicht einfach abschütteln können oder einer, die Sie schon häufiger gehört haben, besteht daran, sich die Weisheit des runden Tisches zunutze zu machen. Erzählen Sie jemandem in Ihrem inneren Kreis davon, und sehen Sie, ob derjenige Ihre Perspektive teilt. Gehen Sie der Sache gemeinsam auf den Grund.

Sobald Sie das Feedback des anderen erhalten haben, denken Sie darüber nach. Der FOPO-Prozess basiert auf der Illusion, uns selbst nicht trauen zu können. Schreiben Sie darüber in Ihrem Tagebuch: Begeben Sie sich an einen Ort, an dem Ihre Gedanken keinen Konventionen folgen müssen. Vielleicht in Ihrem Schlafzimmer. Oder unter einer Eiche. Oder in dem Lederohrensessel in Ihrer Lieblingsecke im örtlichen Starbucks. Erforschen Sie Ihre eigene Reaktion und die damit einhergehenden Gedanken. Sie sollten ergründen, was Sie verteidigen oder willkommen heißen.

13

Der Lackmustest

Alles, was du tust, sagst oder beabsichtigst, sollte sein, als stamme es von einem Sterbenden.

– MARCUS AURELIUS

Was Sterbende am meisten bedauern

Acht Jahre lang war die Australierin Bronnie Ware in der häuslichen Pflege tätig und kümmerte sich um Sterbende. Ihre Klienten wussten, dass sie schwer krank waren, und die meisten hatten nur noch drei bis zwölf Wochen zu leben. Sie half ihnen, all das zu bewältigen, was sie allein kaum noch schafften: duschen, kochen, zur Toilette gehen, die Medikamente korrekt einnehmen. Ihr wurde nach und nach jedoch klar, dass ihre wichtigste Rolle keine körperliche, sondern eine emotionale war. Sie war dort, um zuzuhören.

Sie war dort, um den Patienten das zu geben, was der deutsch-amerikanische Psychologe Erik Erikson als »eine retrospektive Bilanz auf das Leben bis zu diesem Punkt« nannte.[124] Erikson postulierte, dass in diesem achten und letzten Stadium der menschlichen Entwicklung Menschen dazu neigen, über das zu reflektieren, was sie in ihrem Leben gemacht haben und ob sie zufrieden sind, wie sie ihr Leben geführt haben und mit der Person, die sie geworden sind. Sie verspüren entweder Erfüllung oder Bedauern und Verzweiflung.

Bronnie Ware hat ihre intimen Rückblicke aufgeschrieben. Die Zahl ihrer Patienten, die Bedauern empfanden, war weit größer als diejenigen, die es nicht taten. Fast alles Bedauern entstand aus dem Mangel an Mut, nach dem Leben zu streben, das sie sich gewünscht hatten. Nummer eins unter den Dingen, die die Menschen bedauerten: Sie wünschten sich, sie hätten den Mut gehabt, so zu leben, dass sie sich dabei treu blieben, statt so zu leben, wie es andere von ihnen erwarteten.

Ich wiederhole das noch einmal. Das größte Bedauern von Menschen am Ende ihres Lebens war es, für die Bestätigung anderer zu leben.

Wenn die Party fast vorbei ist und alle nach Hause gegangen sind, inklusive ihrer Meinungen, werden Sie sich fragen, wieso Sie ihnen so viel Macht über Ihr Leben gegeben haben.

Wir streben nicht nach dem, was uns am wichtigsten ist

Der Wirtschaftsnobelpreisträger Daniel Kahneman und eine Gruppe von Wissenschaftlern veröffentlichten 2004 eine Studie im Magazin *Science*, die diese Idee untermauert.[125] Sie baten 900 Frauen, lange Zeit Tagebuch zu führen und einen Fragebogen auszufüllen, der ihre täglichen Aktivitäten detailliert aufführte, sowie eine Reihe von Gefühlen, die sie während jeder Aktivität empfanden (glücklich, ungeduldig, deprimiert, besorgt, erschöpft et cetera) auf einer Skala von 1 bis 7 zu bewerten. Die Forscher verglichen, wie viel Befriedigung die Frauen aus jeder dieser täglichen

Aktivitäten zogen, im Hinblick darauf, ob sie froh und vergnügt waren.

Man könnte annehmen, dass die Frauen die größte Befriedigung bei den Aktivitäten empfanden, die sie sich freiwillig ausgesucht hatten. Wenn sie etwas selbst auswählen, müssten sie es doch sicher genießen, oder nicht? Nun, nicht unbedingt. Die Frauen berichteten, sich bei spirituellen Aktivitäten – Meditation, Gebet, Kirchgang – zufriedener zu fühlen als beim Fernsehen. Aber sie verbrachten fünfmal so viel Zeit vor dem Bildschirm wie mit den Aktivitäten, die befriedigender waren.

Ohne einen Countdown leben

Es besteht eine Dissonanz zwischen den Entscheidungen, die wir treffen wollen, und denen, die wir tatsächlich treffen. Wieso? Wir erkennen nicht, dass Zeit die wichtigste aller Ressourcen ist.

Wir leben, als würde das ewig so weitergehen. Wenn wir uns von jemandem verabschieden, sagen wir: »Wir sehen uns später«, als wäre das unvermeidlich. Aber wir wissen alle, dass dieser zuversichtliche, überhebliche Gruß eines Tages nicht mehr zutreffen wird. Wir haben in der westlichen Kultur unsere Sterblichkeit in den Hintergrund verbannt. Wenn der Tod sich einstellt, ist er etwas, das anderen zustößt. Wir wissen, dass wir alle sterben werden, aber wir glauben nicht, dass es heute, nächste Woche oder nächstes Jahr passiert. Wir haben uns eine Sicht aufs Leben zurechtgelegt, in der der Tod keine Realität ist, zumindest nicht in absehbarer Zukunft.

Die Kosten für das Leben ohne einen Countdown: Es ist einfach, nicht im Einklang mit den eigenen Werten zu leben.

Mangel ist ein weithin akzeptiertes Prinzip in den Verhaltenswissenschaften. Wenn es nur eine begrenzte Menge einer Ressource gibt, neigen wir dazu, dieser einen höheren Wert zuzuschreiben. Der Tod erschafft Mangel an Leben (die Zeit, die wir auf diesem Planeten haben). Wie wir unsere Zeit nutzen, wird damit zur bedeutendsten Entscheidung, die wir in unserem Leben treffen.

Im Bewusstsein der eigenen Sterblichkeit zu leben, verändert fundamental, was uns wichtig ist und wie wir unsere Zeit nutzen.

Es demaskiert die albernen und inhaltsleeren Beschäftigungen, die unsere Kultur fördert. Ist die Reaktion auf Ihren Post in den sozialen Medien wirklich bedeutsam? War es wirklich wichtig, dass Sie diesen Post überhaupt geschrieben haben? Macht es etwas aus, welches Auto Sie fahren? Bedeutet es etwas, ob Ihre Haare heute richtig sitzen oder nicht? Macht es einen Unterschied, ob Sie etwas cleverer als andere sind? Oder weniger intelligent? Dass sie eine bessere Knochenstruktur haben? Ist es wichtig, dass Freunde Sie aus ihrem sozialen Kreis verbannt haben? Wenn Sie sie wieder aufnehmen, wollen Sie dann wirklich Zeit mit diesen Leuten verbringen?

Sich mit der Tatsache anzufreunden, dass wir nicht ewig leben werden, bringt unsere Werte besser in den Fokus. Wir sehen deutlich, was wichtig ist. Wenn ein Flugzeug aufgrund von Scherwinden kurz absackt und wir eine Sekunde furchtbar erschrecken, denken wir nicht an die Hochzeitsrede, die wir eher schlecht als recht gehalten haben, oder dass wir aus dem Job gefeuert wurden, der uns sowieso keinen Spaß gemacht hat. Wenn die Hautärztin uns sagt, dass sie eine Biopsie des seltsam geformten Muttermals machen will, weil es aussieht, als könne es zu Krebs werden, denken wir nicht über das leistungsorientierte Image nach, das wir sorgfältig für die Kollegen aufgebaut haben.

Die Aussicht, dass unser Leben unterbrochen wird, und das vielleicht permanent, ändert unsere Perspektive auf den Wert der

Zeit und auf unsere eigenen Werte dramatisch. Unsere Gedanken drehen sich um das, was uns wirklich wichtig ist. In diesen Momenten dient das Bewusstsein der eigenen Sterblichkeit als Reinigungsmittel, das alles wegwäscht, abgesehen davon, was uns am wichtigsten ist.

Um zu *Fight Club* zurückzukehren – Tyler Durden (gespielt von Brad Pitt) bedroht den Verkäufer eines Gemischtwarenladens, Raymond K. Hessel, mit der Waffe und sagt ihm, dass er sterben wird. Durden geht den Inhalt von Hessels Geldbörse durch und öffnet damit für das Publikum ein Fenster in Hessels unerfülltes und deprimierendes Leben. Hessel hat sich mit seiner mittelmäßigen Existenz abgefunden und ist nicht motiviert, etwas daran zu ändern. Durden spannt den Abzug der Waffe, als er seinen abgelaufenen Studentenausweis sieht und fragt: »Was wolltest du werden?« Hessel fällt es schwer, zu antworten, aber er stammelt: »Ein Tierarzt.« Er wollte Veterinär werden, aber hatte aufgegeben, weil es zu schwierig war. Durden meint zu Hessel, er würde seinen Führerschein behalten und verspricht, falls er nicht in sechs Wochen auf dem Weg sei, Tierarzt zu werden, werde er ihn umbringen.

Niemand braucht eine Erleuchtung im Stil von *Fight Club*, aber die Botschaft ist klar. Durden zwingt Hessel, sich seiner Sterblichkeit zu stellen, um ihn aufzurütteln, ihn daran zu erinnern, dass wir alle keine Zeit zu verschwenden haben.

2005 äußerte Apple-Gründer und CEO Steve Jobs eine ähnliche Ansicht in seiner Rede vor dem Abschlussjahrgang der Stanford University. Bei Jobs war 2003 eine seltene Form von Bauchspeicheldrüsenkrebs diagnostiziert worden, aber er war zum Zeitpunkt der Rede krebsfrei.

> Mich daran zu erinnern, dass ich bald tot sein werde, ist das wichtigste Tool, auf das ich je gestoßen bin, um die wichtigen Entscheidungen im Leben zu treffen. Denn fast alles – all die externen Erwartungen, all der Stolz, all die Angst vor Bloßstellung oder Fehlschlag –, das alles spielt im Angesicht des Todes keine Rolle mehr und nur das, was wirklich wichtig ist, bleibt übrig. Sich daran zu erinnern, dass Sie sterben werden, ist die beste Methode, um nicht in die Falle zu tappen, zu glauben, Sie hätten etwas zu verlieren. Sie stehen bereits nackt da. Es gibt keinen Grund, nicht Ihrem Herzen zu folgen …
>
> Ihre Zeit ist begrenzt, also verschwenden Sie sie nicht, indem Sie das Leben eines anderen leben. Lassen Sie sich nicht von Dogmen gefangen nehmen – das bedeutet, nach dem zu leben, was sich andere ausgedacht haben. Lassen Sie nicht zu, dass der Lärm der Meinungen anderer Ihre eigene innere Stimme übertönt. Und vor allem müssen Sie den Mut haben, Ihrem Herzen und Ihrer Intuition zu folgen. Die wissen irgendwie schon, was Sie wirklich werden wollen. Alles andere ist sekundär.[126]

Jobs' Bewusstsein seiner eigenen Sterblichkeit hatte ihn frei dafür gemacht, das Leben nach seiner Vorstellung zu leben.

Der römische Kaiser und stoische Philosoph Marcus Aurelius drückte die Idee noch treffender aus: »Du könntest das Leben in diesem Moment hinter dir lassen. Das sollte bestimmen, was du tust, sagst und denkst.«

Keine philosophische Tradition legt so viel Wert darauf, über die eigene Sterblichkeit zu reflektieren wie der Stoizismus. Die Stoiker lehrten die nahezu kontraintuitive Wahrheit, dass regelmäßig über den eigenen Tod nachzudenken, die Qualität unseres Alltagslebens in hohem Maße verbessern kann.

1991 hat mein Philosophieprofessor, John Perkins, mir im Grundstudium den Stoizismus nähergebracht, und ich war sofort fasziniert von der extrem lebensnahen und praktischen Natur der stoischen Grundprinzipien. Statt nur eine morbide Idee zu sein, ist die Unvermeidlichkeit des Todes ein Mechanismus, der die Stoiker dazu zwingt, für die Zeit dankbar zu sein, die wir haben, und genau darauf zu achten, wie wir unsere wertvolle Zeit nutzen. Sie waren sehr deutlich in ihrem Ansatz, keine Zeit auf etwas zu verschwenden, das wir nicht ändern können (Tod, die Meinungen anderer und so weiter), sondern sich zu 100 Prozent auf das zu konzentrieren, was wir kontrollieren (die eigenen Gedanken, Worte und Handlungen). Die erste Regel zur Meisterschaft, wobei wir von innen nach außen vorgehen, lautet, das zu meistern, was unserer Kontrolle unterliegt und mit unseren Kernwerten und unserem Lebenszweck auf einer Linie liegt. Wann wir sterben, ist weit weniger wichtig, als wie wir leben wollen.

Wie Seneca in *Von der Kürze des Lebens* schreibt:

> Das Problem ist nicht, dass wir wenig Zeit haben, sondern dass wir einen Großteil davon verschwenden. Das Leben ist lang genug und es wurde uns in einem ausreichend großzügigen Maß gegeben, um die größten Dinge zu erreichen, wenn wir das Ganze richtig nutzen. Aber wenn es in Luxus und Sorglosigkeit verschwendet wird, wenn es für böse Zwecke genutzt wird, werden wir letztlich von der ultimativen Notwendigkeit gezwungen, zu erkennen, dass es vergangen ist, noch ehe uns bewusst war, dass es vergeht.[127]

Jeff Bezos wandte eine ähnliche Perspektive auf Amazon an. Bei einem Meeting in Seattle im Jahr 2015 wurde Bezos im Zuge des Bankrotts einiger großer Einzelhandelsketten gefragt, wie es um die Zukunft seines Unternehmens bestellt sei. Bezos antwortete: »Amazon ist nicht zu groß, um zu scheitern. Ich sage sogar vorher, dass Amazon eines Tages scheitern wird. Amazon wird bankrottgehen. Wenn Sie sich große Unternehmen ansehen, so ist ihre Lebensdauer eher um die 30 Jahre und knapp darüber, nicht 100 Jahre.«[128]

Bezos versuchte nicht, die Shareholder und Angestellten in Panik zu versetzen, indem er sie daran erinnerte, dass Amazon begrenzt existieren würde. Stattdessen versuchte er, die Angestellten zu ermutigen, dieses Bewusstsein zu nutzen, um ihre Angst vor der Konkurrenz abzulegen und sich auf das zu konzentrieren, was sie kontrollieren konnten – den Kunden zu Diensten zu sein.

Tod und Zahnschmerzen

Wir denken vielleicht, dass die Erinnerung an unsere Sterblichkeit uns in eine existenzielle Krise versetzen wird, aber das ist nicht der Fall. Die Psychologen Nathan DeWall und Roy Baumeister führten drei Experimente durch, um zu sehen, wie die Menschen reagierten, wenn sie über ihren eigenen Tod nachdachten. Etwa die Hälfte der 432 Studenten, die freiwillig teilnahmen, sollten darüber nachdenken, wie es wäre, tot zu sein. Zudem sollten sie Essays darüberschreiben, was wohl passieren würde, wenn sie starben. Die andere Hälfte der Studenten sollte über Zahnschmerzen nachdenken und etwas darüberschreiben.

Während die Freiwilligen sich den Gedanken an den Tod und das Sterben widmeten, gaben die Forscher ihnen Worttests an die

Hand, die ihre unbewussten Emotionen ans Licht bringen sollten. Man bat sie, Wortfragmete wie *Fre___* oder *Wu_* mit Buchstaben ihrer Wahl zu vervollständigen. Manche Wortstämme waren dazu gedacht, neutrale oder emotional positive Reaktionen hervorzurufen, wie *Freiheit* oder *Freude*, während die Teilnehmer andere neutral oder negativ ergänzen konnten – *Wust* oder *Wut.* Die Ergebnisse zeigten, wie das Unterbewusstsein arbeitet.

Die Forscher fanden heraus, dass diejenigen, die an ihren Tod dachten, nicht in Verzweiflung versanken, sondern fröhlicher wurden. Ihr unterbewusster Verstand kreierte mehr positive Wortassoziationen und Gefühle als in der Gruppe, die sich mit Zahnschmerzen beschäftigte. Die Forscher nehmen an, dass es eine psychologische Immunreaktion ist, die uns vor der Bedrohung durch den Tod bewahren soll.

Was werden Sie am Ende Ihres Lebens bereuen?

Wir wissen nicht, wie lang wir in physischer Form leben werden, also sollten wir unser Leben planen, als würde das große Mysterium direkt hinter der nächsten Ecke lauern.

Wollen Sie wissen, was Sie am Ende Ihres Lebens bedauern werden? Fragen Sie sich einfach, was Sie im Moment bedauern. Wenn Sie im Moment mehr für Ihre zweijährige Tochter da sein wollen, werden Sie vermutlich in vier Jahrzehnten dasselbe bedauern. Wenn Sie es bedauern, sich in der Bequemlichkeit und Vertrautheit Ihres aktuellen Jobs eingerichtet zu haben, statt nach den Sternen zu greifen, werden Sie vermutlich später im Leben dasselbe bedauern. Der große Unterschied zwischen jetzt und später ist, dass Sie jetzt noch die Chance haben, etwas deswegen zu tun.

Sie können in jedem Augenblick Ihres Lebens wählen, ob Sie sich am FOPO-Spiel beteiligen wollen. Werden Sie den Rest Ihrer wertvollen Tage, Stunden und Momente damit ausfüllen, über die Meinung anderer nachzugrübeln? Werden Sie die kurze Zeit auf diesem Planeten damit verbringen, sich Sorgen zu machen, was Sie gemäß der Meinung anderer sagen, tun oder empfinden sollen?

Von der Idee zur Tat

Diese Übung lässt sich besonders leicht umsetzen. Wenn Sie sich von jemandem verabschieden, sagen Sie es so, als würden Sie denjenigen vielleicht nie wiedersehen. Verabschieden Sie sich auf eine Weise, dass Sie ihm für die Zeit danken, die Sie miteinander verbracht haben.

Beginnen Sie heute mit einer Person. Morgen zwei. Machen Sie weiter, bis es zu einem Teil Ihres normalen Verhaltens wird.

Indem wir anerkennen, wie verletzlich das Leben ist, und dies willkommen heißen, fördern wir eine aufrichtige Wertschätzung für die Menschen, die uns mit ihrer Gegenwart ehren, in der kurzen Zeit, die wir auf diesem unglaublichen Planeten verbringen.

Stimmen zum Buch

»Ich liebe Mike Gervais – seine Einsichten, seine direkte Art und seine auf den Punkt gebrachten Ratschläge! Mike nutzt die neuesten Forschungsergebnisse und seine eigenen Ansätze und Prinzipien, um zu erklären, wieso wir uns so viel Gedanken darüber machen, was andere über uns denken, und was wir dagegen tun können.«

– ANGELA DUCKWORTH, *Bestsellerautorin von GRIT - Die neue Formel zum Erfolg: Mit Begeisterung und Ausdauer ans Ziel; Co-Gründerin von The Character Lab*

»Ob wir im Business, als Eltern oder im Sport danach streben, das Beste aus uns herauszuholen: Michael Gervais' *Die wichtigste Regel für ein selbstbestimmtes Leben* hilft uns, die Elemente zu beachten, die wir kontrollieren können, statt unsere Konzentration und Energie auf jene zu verschwenden, bei denen das nicht der Fall ist.«

– SATYA NADELLA, *CEO, Microsoft*

»Als Balletttänzerin, die mit einiger Kritik fertigwerden musste, empfehle ich nachdrücklich *Die wichtigste Regel für ein selbstbestimmtes Leben*. Auf jeder Seite führt uns Michael Gervais einen Schritt näher an eine befreiende Erkenntnis: Unser Wert hängt nicht von den Urteilen und Meinungen anderer ab, sondern von unserer eigenen Selbsterkenntnis, Leidenschaft und der Hingabe an unsere Arbeit.«

– MISTY COPELAND, *Primaballerina, American Ballet Theatre*

»*Die wichtigste Regel für ein selbstbestimmtes Leben* vermittelt auf eloquente und überzeugende Weise moderne Erkenntnisse und zeitlose Weisheiten, die uns die Angst vor anderer Leute Meinung (FOPO, *fear of other people's opinions*) nehmen, damit wir unser Potenzial erkunden und mehr zu einem sinnvolleren Leben sowie wirklich etwas zum Nutzen anderer beitragen können. Diese faktengestützte Perspektive regt unsere Selbstreflexion an und eröffnet uns neue Handlungsmöglichkeiten mithilfe eines Sets praktischer Tools, die wir in der realen Welt anwenden können.«

– **BRADY BREWER**, *Executive Vice President, Starbucks Corporation*

»Es ist verrückt, wie sehr wir zulassen, dass FOPO uns jeden Tag beeinflusst, unser Selbstbewusstsein und letztlich unseren Platz in der Welt bestimmt. Dieses Buch ist eine unerlässliche Landkarte für uns alle auf dem Weg zur Meisterschaft über uns selbst.«

– **KERRI WALSH JENNINGS**, *fünfmalige Olympiateilnehmerin und viermalige Medaillengewinnerin*

»Ich wünschte mir, ich hätte dieses Buch früher im Leben gelesen. Es ist ein absoluter Gamechanger für jeden, der sein bestes Selbst zum Vorschein bringen will – und vor allem sein glücklichstes Selbst –, in einer Welt, die darauf angewiesen ist, dass wir beides sind.«

– **JULIE FOUDY**, *zweimalige Weltmeisterin beim FIFA Women's World Cup, zweimalige olympische Goldmedaillengewinnerin*

»*Die wichtigste Regel für ein selbstbestimmtes Leben* fasst auf brillante Weise in Worte, wie wir die Herausforderungen von FOPO meistern können. Gervais' Einsichten machen es zur Pflichtlektüre für Führungskräfte, die eher eine Kultur des Lernens als eine der externen Bestätigung fördern wollen.«

– **KATHLEEN HOGAN**, *Chief Human Resources Officer, Microsoft*

»*Die wichtigste Regel für ein selbstbestimmtes Leben* lehrt uns hervorragend, uns darauf zu fokussieren, wer wir authentisch sein wollen, anstatt darauf, wie wir glauben, dass andere uns sehen. Dieses Buch ist ein Expertenkurs dafür, einen Blick in unser Inneres zu werfen, um unseren eigenen Wert zu finden. Ich bin begeistert, dass dieses Buch nun für alle verfügbar ist!«

– **APOLO OHNO**, *achtmaliger Olympiamedaillengewinner*

Über die Autoren

MICHAEL GERVAIS, PHD, ist einer der weltweit führenden Psychologen im Bereich High Performance. Zu seinen Klienten gehören Weltrekordhalter, Olympioniken, international bekannte Künstler und Musiker, »Most Valuable Player« aus vielen bekannten Sportarten und CEOs von Fortune-500-Unternehmen. Er ist außerdem der Gründer von Finding Mastery, einer psychologischen Beráteragentur für High Performance, der Moderator des Finding Mastery Podcasts und der Mitgründer des Performance Science Institute an der University of Southern California.

KEVIN LAKE ist der Chief Creative Officer von Finding Mastery. Er hat mit einigen der bedeutendsten Leistungsträger der Welt zusammengearbeitet. Zudem hat er *Gleason* produziert, einen Dokumentarfilm, der als Oscarkandidat gehandelt wurde. Er kreierte und produzierte *Playing It Forward* zusammen mit Robert Downey Jr. und Susan Downey. Sieben Jahre lang leitete er die Filmabteilung von Mel Gibsons Icon Productions.

Danksagungen

An Lisa, die Liebe meines Lebens: Mein Herz fließt über, weil du deine Liebe zu mir so offen zeigst. Deine unerschütterliche Fähigkeit, authentisch zu leben, erfüllt mich mit Ehrfurcht. Deine unermüdliche Hingabe an unsere Familie ist wie eine gesegnete Brise, ein immer zur perfekten Zeit wehender, genau richtiger Wind, der unsere Geschichte trägt, voll Liebe und Abenteuer. Wegen dir bete ich nicht mehr um ruhigeres Fahrwasser, sondern darum, die Stärke unserer Segel testen zu können. Deine Liebe hat mich die wahre Bedeutung von Akzeptanz gelehrt. Ich liebe dich zutiefst.

An meinen Sohn, Grayson: Dein Mut, deine Stärke und Güte inspirieren mich jeden Tag. Deine Gegenwart ist eine konstante Erinnerung, sich ganz dem Moment zu widmen und dabei nicht den Humor zu verlieren.

An meine Familie: Danke, Mom, Dad und Schwester, weil ihr das Fundament meines Lebens gelegt habt. Eure Liebe und Führung haben mir eine solide Basis gegeben und die Freiheit, die Welt zu erkunden. Meine liebe Oma, du hast schon immer ganz hinter mir gestanden. An Opa, du hast ein Leben geführt, das auf der Devise beruhte, »Denke recht und lebe recht«. An Mario, Rita, Papi, Abuela, Lori und Dr. Mora und Dr. Beers, ihr wart auf so viele verschiedene Arten für mich da in den letzten drei Jahrzehnten, dass mir der Platz fehlt, darüber zu schreiben. Und dafür werde ich immer dankbar sein.

An Kevin Lake, deine brillante und nie wankende Hingabe hat jeder Seite dieses Buches Leben eingehaucht. Ich bin unglaublich dankbar, weil du so tiefgehend und ehrlich ergründet hast, wie all diese Konzepte in jedem von uns leben. Du bist eine Leuchte auf dem Pfad zur wichtigsten Regel der Meisterschaft. Danke für deinen wichtigen Beitrag.

An das gesamte Team von Finding Mastery, danke, dass ihr meine Leidenschaft und meinen Lebenssinn teilt. Eure kollektive Expertise und euer Durchhaltevermögen haben dieses Projekt weiter gebracht, als ich mir in meinen kühnsten Träumen vorgestellt hatte.

An Gary DeBlasio, meinen Mentor: Danke, dass du mir ein so ehrlicher Spiegel warst. Deine Leitung und Weisheit haben voller Güte ein Licht auf meine unsichtbaren Grenzen geworfen und mich herausgefordert, auf grundlegende Weise aus meinem Inneren heraus zu arbeiten.

An all meine Klienten: Danke, dass ihr mir eure tiefsten Träume, Einsichten und Ängste anvertraut. Euer Mut inspiriert mich und verstärkt die tiefgreifende Wirkung, die wir auf das Leben des jeweils anderen haben können.

An Kevin Evers, den gewissenhaften Herausgeber dieses Buches und Meister der Klarheit. Du hast das Potenzial gesehen und erkannt, was daraus entstehen konnte, und ich bin dankbar, wie du mich durch diesen Prozess geführt hast, von der Idee zur jetzigen Form.

Und letztlich an Sie, den Leser: Danke, dass Sie der führenden Hand der Empfehlung für dieses Buch getraut haben oder dem guten Weg, auf dem Sie zu diesem Buch gelangt sind. Ich hoffe sehr, dass die Zeit, die wir miteinander verbracht haben, einen bedeutenden Beitrag zu Ihrem Leben leistet. Ich bin zutiefst dankbar.

Anmerkungen

Einleitung

1 Cal Callahan, »Lauren Bay-Regula: Life as an Olympian, Mom, and Entrepreneur«, 28. Januar 2020, *The Great Unlearn* podcast, https://podcasts.apple.com/us/podcast/the-great-unlearn/id1492460338?i=1000463898379.

2 Wenn wir davon reden, was das menschliche Potenzial am meisten einschränkt, wissen wir, dass die Angst davor, getötet zu werden, zu verhungern oder den Job zu verlieren, unser Potenzial noch mehr einschränkt. In diesem Buch geht es um die Qualität unseres Lebens, nicht ums bloße Überleben.

3 Scott Barry Kaufman, «Sailboat Metaphor«, https://scottbarrykaufman.com/sailboat-metaphor.

4 Michael Gervais, «How to Stop Worrying about What Other People Think of You«, hbr.org, 2. Mai 2019, https://hbr.org/2019/05/how-to-stop-worrying-about-what-other-people-think-of-you.

5 Lauren Regula, Instagram-Post, 7. September 2022.

Kapitel 1

6 Zitiert und übersetzt in Alexander Wheelock Thayer, *The Life of Ludwig van Beethoven: Vol. 1* [1866], hrsg. Henry Edward Krehbiel (New York: The Beethoven Association, 1921), 300.

7 Thayer, *Life of Beethoven*, 300.

8 Heiligenstädter Testament, ein Brief, den Beethoven an seine Brüder Carl und Johann am 6. Oktober 1802 geschrieben hat, http://www.lvbeethoven.com/Bio/BiographyHeiligenstadtTestament.html.

9 Jan Swafford, *Beethoven: Anguish and Triumph; A Biography* (Boston: Houghton Mifflin Harcourt, 2014), 428; H. C. Robbins Landon, *Beethoven: A Documentary Story* (New York: Macmillan, 1974), 210. Lichnowskys Arzt, Dr. Anton Weiser, erzählt die Geschichte, als Beethoven beleidigt war, weil man ihn bei einem Essen bat, Geige zu spielen.

10 Swafford, *Beethoven*, 21.

11 Swafford, *Beethoven*, 53.

12 Franz Wegeler und Ferdinand Ries, *Beethoven Remembered: The Biographical Notes of Franz Wegeler and Ferdinand Ries* (Salt Lake City, UT: Great River Books, 1987), 39.

13 Swafford, *Beethoven*, 98–99.

14 Swafford, *Beethoven*, 128. »Ein Teil dieser Gabe war der Raptus, diese Fähigkeit, sich in eine innere Welt zurückzuziehen, die ihn von allem und jeden um sich herum trennte, und ihn auch die vielen Leiden vergessen ließ, die ihn plagten. Wenn er an der Klaviatur oder anderweitig improvisieren konnte, fand er Einsamkeit auch in Gesellschaft.«

15 Swafford, *Beethoven*, 98–99.

16 Heiligenstädter Testament.

17 David Ryback, *Beethoven in Love* (Andover, MA: Tiger Iron Press, 1996). Das Zitat ist von Beethoven, 1817.

18 Nicholas Cook, *Beethoven: Symphony No. 9* (Cambridge, UK: Cambridge University Press, 1993).

Kapitel 2

19 Michael Gervais, »Tune Up Your Mind—A Music Legend's Journey of Self-Evolution,« *Finding Mastery* Podcast, 28. Juni 2023, https://findingmastery.com/podcasts/moby-lindsay/.

20 Dies erinnert an ein Zitat, das man oft dem österreichischen Psychiater und Holocaustüberlebenden Viktor Frankl zuschreibt, dessen Herkunft aber unsicher ist: »Zwischen Reiz und Reaktion gibt es einen Raum. In diesem Raum liegt unsere Macht, über unsere Reaktion zu entscheiden. In dieser Reaktion liegt unser Wachstum und unsere Freiheit."

21 Mark Leary, »Is It Time to Give Up on Self-Esteem?«, The Society for Personality and Social Psychology, 9. Mai 2019, https://spsp.org/news-center/character-context-blog/it-time-give-self-esteem.

Kapitel 3

22 N. C. Larson et al., »Physiological Reactivity and Performance Outcomes under High Pressure in Golfers of Varied Skill Levels«, mündlicher Vortrag beim World Scientific Congress of Golf, Phoenix, AZ, März 2012.

23 Thomas Hobbes, *Leviathan*, Teil 1, Kapitel 13, Seite 58.

24 W. B. Cannon, *Bodily Changes in Pain, Hunger, Fear, and Rage: An Account of Recent Researches into the Function of Emotional Excitement* (New York: D. Appleton and Company, 1915); Keith Oatley, Dacher Keltner und Jennifer M. Jenkins, *Understanding Emotions*, 2. Aufl. (Hoboken, NJ: Wiley-Blackwell Publishing, 2006).

25 Cannon, *Bodily Changes in Pain, Hunger, Fear, and Rage.*

26 Cannon, *Bodily Changes in Pain, Hunger, Fear, and Rage.*

27 Cannon, *Bodily Changes in Pain, Hunger, Fear, and Rage.*

28 Cannon, *Bodily Changes in Pain, Hunger, Fear, and Rage.*

29 Stephanie A. Maddox, Jakob Hartmann, Rachel A. Ross und Kerry J. Ressler, »Deconstructing the Gestalt: Mechanisms of Fear, Threat, and Trauma Memory Encoding«, *Neuron* 102, Nr. 1 (2019): 60–74.

30 Joseph E. LeDoux, »Coming to Terms with Fear«, *PNAS* 111, Nr. 8 (2014): 2871–2878.

31 Josephine Germer, Evelyn Kahl und Markus Fendt, »Memory Generalization after One-Trial Contextual Fear Conditioning: Effects of Sex and Neuropeptide S Receptor Deficiency«, *Behavioural Brain Research* 361, Nr. 1 (2019): 159–166; Kim Haesen, Tom Beckers, Frank Baeyens und Bram Vervliet, »One-Trial Overshadowing: Evidence for Fast Specific Fear Learning in Humans«, *Behaviour Research and Therapy* 90 (2017): 16–24.

32 Roy F. Baumeister, Ellen Bratslavsky, Catrin Finkenauer und Kathleen D. Vohs, »Bad Is Stronger Than Good«, *Review of General Psychology* 5, Nr. 4 (2001): 323–370.

33 Arun Asok, Eric R. Kandel und Joseph B. Rayman, »The Neurobiology of Fear Generalization«, *Frontiers in Behavioral Neuroscience* 12 (2019).

34 David Watson und Ronald Friend, »Measurement of Social-Evaluative Anxiety«, *Journal of Consulting and Clinical Psychology* 33, Nr. 4 (1969): 448–457.

Kapitel 4

35 Brad Rock, zitiert in David Fleming, »Before ›The Last Dance‹, Scottie Pippen Delivered Six Words of Trash Talk That Changed NBA History«, ESPN, 15. Mai 2020, https://www.espn.com/nba/story/_/id/29166548/before-last-dance-scottie-pippen-delivered-six-words-trash-talk-changed-nba-history.

36 Nina Strohminger, Joshua Knobe und George Newman, »The True Self: A Psychological Concept Distinct from the Self«, *Association for Psychological Science* 12, Nr. 4 (2017): 551–560.

37 Michael A. Hogg und Dominic Abrams, *Social Identifications: A Social Psychology of Intergroup Relations and Group Processes* (London: Routledge, 1998).

38 *Fight Club*, Regie: David Fincher, 1999.

39 Lewis Carroll, *Alice's Adventures in Wonderland* (New York, Boston: T. Y. Crowell & Co., 1893).

40 APA Dictionary of Psychology.

41 Paul Blake, »What's in a Name? Your Link to the Past«, BBC, 26. April 2011, https://www.bbc.co.uk/history/familyhistory/get_started/surnames_01.shtml.

42 Zygmunt Bauman, »Identity in the Globalising World«, *Social Anthropology* 9, Nr. 2 (2001): 121–129; Anthony Giddens, *The Consequences of Modernity* (Stanford, CA: Stanford University Press, 1991).

43 Jeffrey J. Arnett, »The Psychology of Globalization«, *American Psychologist* 57, Nr. 10 (2002): 774–783.

44 Michael Lipka, »Why America's ›Nones‹ Left Religion Behind«, Pew Research Center, 24. August 2016, https://www.pewresearch.org/fact-tank/2016/08/24/why-americas-nones-left-religion-behind/.

45 Die 10.000-Stunden-Regel, die von Malcom Gladwell populär gemacht wurde, stimmt nicht ganz mit Anders Ericssons ursprünglicher Studie überein, wie man Expertise in einem Fachgebiet erlangt.

46 Nadia Shafique, Seema Gul und Seemab Raseed, »Perfectionism and Perceived Stress: The Role of Fear of Negative Evaluation«, *International Journal of Mental Health* 46, Nr. 4 (2017): 312–326.

47 Unterhaltung mit Dr. Ben Houltberg, 9. März 2021.

48 Albert Bandura, *Self-Efficacy: The Exercise of Control* (New York: W. H. Freeman and Company, 1997), 3.

49 Michael Gervais, »Missy Franklin on Being a Champion in Victory and Defeat«, *Finding Mastery* Podcast, 4. Dezember 2019, https://podcasts.apple.com/kw/podcast/missy-franklin-on-being-a-champion-in-victory-and-defeat/id1025326955?i=1000458624052.

50 Benjamin W. Walker und Dan V. Caprar, »When Performance Gets Personal: Towards a Theory of Performance-Based Identity«, *The Tavistock Institute* 73, Nr. 8 (2019): 1077–1105.

51 Joseph Campbell, *Reflections on the Art of Living: A Joseph Campbell Companion* (New York: Harper Perennial, 1995).

52 Dan Gilbert, »The Psychology of Your Future Self«, TED Talk, 2014, https://www.ted.com/talks/dan_gilbert_the_psychology_of_your_future_self.

53 Jordi Quoibach, Daniel T. Gilbert und Timothy D. Wilson, »The End of History Illusion«, *Science* 339, Nr. 6115 (2013): 96–98.

54 Robbie Hummel und Jeff Goodman, »Jim Nantz Joins 68 Shining Moments to Discuss His Most Famous Calls, Giving Out Ties and His Favorite March Memories«, *68 Shining Moments* Podcast, März 2021, https://open.spotify.com/episode/3EbQCv7eHwSdVOQCPqQUeL.

Kapitel 5

55 William James, »The Conscious Self«, in William James, *The Principles of Psychology*, Bd. 1 (Boston: Harvard University Press, 1892).

56 Jennifer Crocker und Connie T. Wolfe, »Contingencies of Self-Worth«, *Psychological Review* 108, Nr. 3 (2001): 593–623.

57 Crocker und Wolfe, »Contingencies of Self-Worth«.

58 Jennifer Crocker, »The Costs of Seeking Self-Esteem«, *Journal of Social Issues* 58, Nr. 3 (2002): 597–615.

59 Crocker, »The Costs of Seeking Self-Esteem«.

60 Charles S. Carver und Michael F. Scheier, *On the Self-Regulation of Behavior* (Cambridge, UK: Cambridge University Press, 1998); Jennifer Crocker und Lora E. Park, »Seeking Self-Esteem: Construction, Maintenance, and Protection of Self-Worth«, University of Michigan Arbeitspapier, 1. Januar 2003.

61 Roy F. Baumeister, Ellen Bratslavsky, Mark Muraven und Dianne M. Tice, »Ego Depletion: Is the Active Self a Limited Resource?«, *Journal of Personality and Social Psychology* 74, Nr. 5 (1998): 1252–1265; Roy F. Baumeister, Brad J. Bushman, und W. Keith Campbell, »Self-Esteem, Narcissism, and Aggression: Does Violence Result from Low Self-Esteem or from Threatened Egotism?«, *Current Directions in Psychological Science* 9, Nr. 1 (2000): 26–29; Michael H. Kernis und Stefanie B. Waschull, »The Interactive Roles of Stability and Level of Self-Esteem: Research and Theory«, in Mark P. Zanna (Hrsg.), *Advances in Experimental Social Psychology*, Bd. 27 (Cambridge, MA: Academic Press, 1995), 93–141.

62 Rick Hanson, *Buddha's Brain: The Practical Neuroscience of Love, Happiness and Wisdom* (Oakland, CA: New Harbinger Publications, 2009).

63 Albert Bandura, *Social Learning Theory* (Englewood Cliffs, NJ: Prentice Hall, 1977).

64 Avi Assor, Guy Roth und Edward L. Deci, »The Emotional Costs of Parents' Conditional Regard: A Self-Determination Theory Analysis«, *Journal of Personality* 72, Nr. 1 (2004): 47–88.

65 Ece Mendi und Jale Eldeleklioğlu, »Parental Conditional Regard, Subjective Well-Being and Self-Esteem: The Mediating Role of Perfectionism«, *Psychology* 7, Nr. 10 (2016): 1276–1295.

66 Dare A. Baldwin und Louis J. Moses, »Early Understanding of Referential Intent and Attentional Focus: Evidence from Language and Emotion«, in Charlie Lewis und Peter Mitchell (Hrsg.), *Children's Early Understanding of Mind: Origins and Development* (Hillsdale, NJ: Lawrence Erlbaum Associates, 1994), 133–156; Richard M. Ryan, Edward L. Deci und Wendy S. Grolnick, »Autonomy, Relatedness, and the Self: Their Relation to Development and Psychopathology«, in Dante Cicchetti und Donald

J. Cohen (Hrsg.), *Developmental Psychopathology, Volume 1: Theory and Method* (Hoboken, NJ: John Wiley und Sons, 1995), 618–665; Susan Harter, »Causes and Consequences of Low Self-Esteem in Children and Adolescents«, in Roy Zaumeister (Hrsg.) *Self-Esteem: The Puzzle of Low Self-Regard* (New York: Plenum Press, 1993), 87–116.

67 Tim Kasser, Richard M. Ryan, Charles E. Couchman und Kennon M. Sheldon, »Materialistic Values: Their Causes and Consequences«, in Tim Kasser und Allen D. Kanner (Hrsg.), *Psychology and Consumer Culture: The Struggle for a Good Life in a Materialistic World* (Washington, DC: American Psychological Association, 2004), 11–28.

68 Rory Sutherland, »Life Lessons from an Ad Man«, TED Talk, 2008, https://www.ted.com/talks/rory_sutherland_life_lessons_from_an_ad_man.

Kapitel 6

69 Timothy D. Wilson et al., »Just Think: The Challenges of the Disengaged Mind«, *Science* 345, Nr. 6192 (2014): 75–77.

70 Nicht zu verwechseln mit Depeche Mode, einer Band aus den 1980er-Jahren, die elektronische Musik macht.

71 Marcus Raichle, interviewt von Svend Davanger, »The Brain's Default Mode Network—What Does It Mean to Us?«, *The Meditation Blog*, 9. März 2015, https://www.themeditationblog.com/the-brains-default-mode-network-what-does-it-mean-to-us/.

72 Randy L. Buckner, »The Serendipitous Discovery of the Brain's Default Network«, *Neuroimage* 62 (2012): 1137–1147.

73 Marcus E. Raichle und Abraham Z. Snyder, »A Default Mode of Brain Function: A Brief History of an Evolving Idea«, *Neuroimage* 37 (2007): 1083–1090.

74 Raichle Interview, »Brain's Default Mode«.

75 Marcus E. Raichle und Debra A. Gusnard, »Appraising the Brain's Energy Budget«, *PNAS* 99, Nr. 16 (2002): 10237–10239; Camila Pulido und Timothy A. Ryan, »Synaptic Vesicle Pools Are a Major Hidden Resting Metabolic Burden of Nerve Terminals«, *Science Advances* 7, Nr. 49 (2021).

76 Matthew A. Killingsworth und Daniel T. Gilbert, »A Wandering Mind Is an Unhappy Mind«, *Science* 330, Nr. 6006 (2010): 932.

77 Barbara Tomasino, Sara Fregona, Miran Skrap und Franco Fabbro, »Meditation-Related Activations Are Modulated by the Practices Needed to Obtain It and by the Expertise: An ALE Meta-Analysis Study«, *Human Neuroscience* 6 (2012); Judson A. Brewer et al., »Meditation Experience Is Associated with Differences in Default Mode Network Activity and Connectivity«, *PNAS* 108, Nr. 50 (2011): 20254–20259.

78 Jon Kabat-Zinn, »Some Reflections on the Origins of MBSR, Skillful Means, and the Trouble with Maps«, *Contemporary Buddhism* 12, Nr. 1 (2011): 281–306.

79 Jon Kabat-Zinn, »Mindfulness-Based Interventions in Context: Past, Present, and Future«, *Clinical Psychology: Science and Practice* 10, Nr. 2 (2003): 144–156.

Kapitel 7

80 Thomas Gilovich, Victoria H. Medvec und Kenneth Savitsky, »The Spotlight Effect in Social Judgment: An Egocentric Bias in Estimates of the Salience of One's Own Actions and Appearance«, *Journal of Personality and Social Psychology* 78, Nr. 2 (2000): 211–222.

81 Gilovich, Medvec und Savitsky, »Spotlight Effect in Social Judgment«.

82 Gilovich, Medvec und Savitsky, »Spotlight Effect in Social Judgment«.

83 Thomas Gilovich, »Differential Construal and the False Consensus Effect«, *Journal of Personality and Social Psychology* 59, Nr. 4 (1990): 623–634.

84 Amos Tversky und Daniel Kahneman, »Judgment under Uncertainty: Heuristics and Biases«, *Science* 185, Nr. 4157 (1974): 1124–1131.

Kapitel 8

85 »Theory of Mind«, Harvard Medical School News and Research, 27. Januar 2021, https://hms.harvard.edu/news/theory-mind.

86 William Ickes, »Everyday Mind Reading Is Driven by Motives and Goals«, *Psychological Inquiry* 22, Nr. 3 (2011): 200–206.

87 Nicholas Epley, *Mindwise: Why We Misunderstand What Others Think, Believe, Feel, and Want* (New York: Vintage, 2015).

88 Epley, *Mindwise.*

89 Belinda Luscombe, »10 Questions for Daniel Kahneman«, *Time*, 28. November 2011, https://content.time.com/time/magazine/article/0,9171,2099712,00.html.

90 Tal Eyal, Mary Steffel und Nicholas Epley, »Perspective Mistaking: Accurately Understanding the Mind of Another Requires Getting Perspective, Not Taking Perspective«, *Journal of Personality and Social Psychology* 114, Nr. 4 (2018): 547–571.

91 Dale Carnegie, *How to Win Friends and Influence People* (New York: Simon & Schuster, 2009).

92 Nicholas Epley, »We All Think We Know the People We Love. We're All Deluded«, *Invisibilia*, NPR, 22. März 2018, https://www.npr.org/sections/health-shots/2018/03/22/594023688/invisibilia-to-understand-another-s-mind-get-perspective-don-t-take-it.

93 V. S. Ramachandran, *A Brief Tour of Human Consciousness* (New York: Pi Press, 2004), 3.

94 Epley, »We All Think We Know the People We Love«,

95 Erving Goffman, *The Presentation of Self in Everyday Life* (New York: Anchor Books, 1959).

Kapitel 9

96 Leo Benedictus, »#Thedress: ›It's Been Quite Stressful to Deal with It . . . We Had a Falling-Out‹«, *Guardian*, 22. Dezember 2015, https://www.theguardian.com/fashion/2015/dec/22/thedress-internet-divided-cecilia-bleasdale-black-blue-white-gold.

97 »Optical Illusion: Dress Colour Debate Goes Global«, BBC News, 27. Februar 2015, https://www.bbc.com/news/uk-scotland-highlands-islands-31656935; Benedictus, »#Thedress«; Terrence McCoy, »The Inside Story of the ›White Dress, Blue Dress‹ Drama That Divided a Planet«, *Washington Post*, 27. Februar 2015, https://www.washingtonpost.com/news/morning-mix/wp/2015/02/27/the-inside-story-of-the-white-dress-blue-dress-drama-that-divided-a-nation/; Claudia Koerner, »The Dress Is Blue and Black, Says the Girl Who Saw It in Person«, BuzzFeed News, 26. Februar 2015, https://www.buzzfeednews.com/article/claudiakoerner/the-dress-is-blue-and-black-says-the-girl-who-saw-it-in-pers.

98 Pascal Wallisch, »Illumination Assumptions Account for Individual Differences in the Perceptual Interpretation of a Profoundly Ambiguous Stimulus in the Color Domain: ›The Dress‹«, *Journal of Vision* 17, Nr. 4 (2017): 5; Christoph Witzel, Chris Racey, J. Kevin O'Regan, »The Most Reasonable Explanation of ›The Dress‹: Implicit Assumptions about Illumination«, *Journal of Vision* 17, Nr. 2 (2017): 1.

99 Chris Shelton, »Let's Get into Neuroscience with Dr. Jonas Kaplan«, *Sensibly Speaking* Podcast, https://www.youtube.com/watch?v=_dPl6NKI1M4, 41:00.

100 Jonas Kaplan, »This Is How You Achieve Lasting Change by Rewiring Your Beliefs«, Impact Theory, 25. November 2021, https://impacttheory.com/episode/jonas-kaplan/.

101 Christopher Chabris und Daniel Simons, *The Invisible Gorilla: And Other Ways Our Intuitions Deceive Us* (New York: Crown Publishers, 2011).

102 James Alcock, *Belief: What It Means to Believe and Why Our Convictions Are So Compelling* (Amherst, NY: Prometheus Books, 2018).

103 Joshua Klayman and Young-won Ha, »Confirmation, Disconfirmation, and Information in Hypothesis Testing«, *Psychological Review* 94, Nr. 2 (1987): 211–228.

104 Richard E. Nisbett und Timothy D. Wilson, »Telling More Than We Can Know: Verbal Reports on Mental Processes«, *Psychological Review* 84, Nr. 3 (1977): 231–259.

105 Francis Bacon, *The New Organon, or True Directions Concerning the Interpretation of Nature*, 1620.

106 Drake Baer, »Kahneman: Your Cognitive Biases Act Like Optical Illusions«, *New York* Magazin, 13. Januar 2017, https://www.thecut.com/2017/01/kahneman-biases-act-like-optical-illusions.html.

107 Baer, »Kahneman«.

Kapitel 10

108 Jeff Pearlman, *Love Me, Hate Me: Barry Bonds and the Making of an Antihero* (New York: HarperCollins: 2006); Jeff Pearlman, »For Bonds, Great Wasn't Good Enough«, ESPN, 14. März 2006, https://www.espn.com/mlb/news/story?id=2368395.

109 A. W. Tucker, »The Mathematics of Tucker: A Sampler«, *The Two-Year College Mathematics Journal* 14, Nr. 3 (1983): 228–232.

110 Varda Liberman, Steven M. Samuels und Lee Ross, »The Name of the Game: Predictive Power of Reputations versus Situational Labels in Determining Prisoner's Dilemma Game Moves«, *Personality and Social Psychology Bulletin* 30, Nr. 9 (2004): 1175–1185.

111 Matthew Lieberman, »The Social Brain and the Workplace«, Talks at Google, 4. Februar 2019, https://www.youtube.com/watch?v=h7UR9JwQEYk.

112 Alexis de Tocqueville, *Democracy in America, Volume II*, übersetzt von Henry Reeve, 1840.

113 Mark Manson, »9 Steps to Hating Yourself a Little Less«, Mark Manson Blog, 26. August 2016, https://markmanson.net/hate-yourself.

114 Richard Schiffman, »We Need to Relearn That We're a Part of Nature, Not Separate from It«, billmoyers.com, 2. März 2015.

115 Scott Galloway, »The Myth—and Liability—of America's Obsession with Rugged Individualism«, Marker, 15. März 2021, https://medium.com/marker/the-myth-and-liability-of-americas-obsession-with-rugged-individualism-cf0ba80c2a05.

116 Roy F. Baumeister und Mark R. Leary, »The Need to Belong: Desire for Interpersonal Attachments as a Fundamental Human Motivation«, *Psychological Bulletin* 117, Nr. 3 (1995): 497–529.

117 Baumeister und Leary, »The Need to Belong«.

118 Jonathan White, *Talking on the Water: Conversations about Nature and Creativity* (San Antonio, TX: Trinity University Press, 2016).

Kapitel 11

119 Charles G. Lord, Lee Ross und Mark R. Lepper, »Biased Assimilation and Attitude Polarization: The Effects of Prior Theories on Subsequently Considered Evidence«, *Journal of Personality and Social Psychology* 37, Nr. 11 (1979): 2098–2109.

120 Jonas T. Kaplan, Sarah I. Gimbel und Sam Harris, »Neural Correlates of Maintaining One's Political Beliefs in the Face of Counterevidence«, *Scientific Reports* 6 (2016): 39589.

121 Brian Resnick, »A New Brain Study Sheds Light on Why It Can Be So Hard to Change Someone's Political Beliefs«, Vox, 23. Januar 2017, https://www.vox.com/science-and-health/2016/12/28/14088992/brain-study-change-minds.

122 Jacqueline Howard, »This Is Why You Get Worked Up about Politics, According to Science«, CNN, 3. Januar 2017, https://www.cnn.com/2017/01/03/health/political-beliefs-brain/index.html.

123 Valerie Curtis, Mícheál de Barra und Robert Aunger, »Disgust as an Adaptive System for Disease Avoidance Behaviour«, *Philosophical Transactions of the Royal Society B* 366, Nr. 1563 (2011): 389–401.

Kapitel 13

124 Erik Erikson, *The Life Cycle Completed* (New York: W. W. Norton, 1982), 112.

125 Daniel Kahneman et al., »A Survey Method for Characterizing Daily Life Experience: The Day Reconstruction Method«, *Science* 306, Nr. 5702 (2004): 1776–1780; Daniel Kahneman et al., »The Day Reconstruction Method (DRM): Instrument Documentation«, Juli 2004, https://dornsife.usc.edu/norbert-schwarz/wp-content/uploads/sites/231/2023/11/drm_documentation_july_2004.pdf.

126 Steve Jobs, Rede vor den Absolventen, Stanford University, 12. Juni 2005, https://news.stanford.edu/stories/2005/06/youve-got-find-love-jobs-says.

127 Seneca, *On the Shortness of Life.*

128 Eugene Kim, »›One Day, Amazon Will Fail‹ but Our Job Is to Delay It as Long as Possible«, CNBC, 15. November 2018.

Stichwortverzeichnis